ALTERNATIVE MEDIZIN

FALKEN
BÜCHEREI

ALTERNATIVE MEDIZIN

DR. MED. CHRISTOPH SCHENK

Streß bewältigen durch Entspannung

FALKEN VERLAG

In der gleichen Reihe sind im Falken-Verlag außerdem erschienen:
»Die echte Schroth-Kur« (Nr. 0797)
»Gesund bleiben – gesund werden durch Heilfasten« (Nr. 0713)
»Fußmassage – Reflexzonentherapie am Fuß« (Nr. 0714)
»Gesund bleiben – gesund werden durch Enzyme« (Nr. 0677)
»Gesund bleiben – gesund werden durch Massage« (Nr. 0750)

CIP-Kurztitelaufnahme der Deutschen Bibliothek

Schenk, Christoph:
Streß bewältigen durch Entspannung/Christoph Schenk. –
Niedernhausen/Ts.: Falken-Verlag, 1986.
(Alternative Medizin) (Falken-Bücherei)
ISBN 3-8068-0834-1

ISBN 3 8068 0834 1

Zeichnungen: Norbert Morast, Schriesheim; Gerhard Scholz, Dornburg

Satz: Neuwieder Verlagsgesellschaft mbH, Neuwied
Druck und Bindung: Wiesbadener Graphische Betriebe GmbH, Wiesbaden

817 2635 4453 6271

Inhalt

Inhalt

Der Streß mit dem Streß

Wer in unserer heutigen Zeit »in« sein will, versteht etwas von Selbsterfahrung, weiß seine Körpersignale zu deuten und kennt zumindestens einen namhaften Analytiker und seine Thesen. Joga, Meditation und sonstige Techniken zur »Reise ins Innere« werden als Konsumartikel angeboten. Wer auf sich hält, arbeitet angestrengt daran, ein Höchstmaß an Selbsterkenntnis zu gewinnen, um noch kreativer und noch intensiver leben zu können.
Immer häufiger soll dem einzelnen durch fragwürdige Therapieangebote das Gefühl vermittelt werden, daß nur diese oder jene Form der Selbsterfahrung dem Leben Sinn geben kann. Kein Wunder, daß in diesem Zusammenhang auch das Schlagwort »Streß« oft gebraucht wird. Wer heutzutage seine kleinen und großen Wehwehchen nicht auf den Streß am Arbeitsplatz, zu Hause oder sonstwo zurückführen kann, scheint etwas falsch zu machen.
Vielerorts ist eine »Sucht« nach Psychoerfahrung zu beobachten, die von gewissenlosen Geschäftemachern ausgenutzt wird. Das ist um so bedauerlicher, als in den allermeisten Fällen die Ratsuchenden mit ihrem ehrlichen Bemühen um einen neuen, anderen und streßfreieren Weg entmutigt und alleingelassen werden.
Um mehr Menschen das Verständnis der komplexen Regelsysteme unseres Leib-Seele-Gefüges zu ermöglichen, habe ich dieses Buch geschrieben. Dem Leser sollen die medizinischen Grundlagen der körperlichen und seelischen Reaktionen auf Streß als Basis für eigene Denkansätze und Lernprozesse in verständlicher Form an die Hand gegeben werden, um die eigenen Streßmechanismen besser zu erkennen und durch geeignete Maßnahmen angehen zu können.

Dr. med. Christoph Schenk

Dem Streß auf der Spur

Die Veröffentlichungen über das Thema »Streß« der letzten Jahre beweisen, daß Faktoren wie Lärm, hohe Arbeitsbelastung, körperliche Erkrankungen, soziale Probleme usw. tatsächlich krankmachende Stressoren sind, die vermehrt zu vegetativer Fehlsteuerung sowie im weiteren Verlauf zu den sogenannten psychosomatischen Erkrankungen führen können.
Dieser Zusammenhang zwischen Streß und Krankheit ist für einen Mediziner, der von der Leib-Seele-Einheit des Menschen ausgeht, in den letzten Jahren immer augenscheinlicher geworden. Und es gibt immer mehr Menschen, die auch seelische Ursachen für das Entstehen einer Krankheit akzeptieren.
Nicht zuletzt deshalb ist der berechtigte Ruf nach mehr Zeit für das ärztliche Gespräch laut geworden. Leider ohne großen Widerhall, wie es die heute noch vielerorts praktizierte »Fünf-Minuten-Medizin« beweist.
Aber der Einbezug von Umweltfaktoren und ihrer Wirkung auf die Leib-Seele-Balance spielt eine große Rolle bei der Diagnose psychosomatischer Krankheiten. Unter Umweltfaktoren sind dabei nicht nur die von Menschen erzeugten Streßsituationen zu verstehen. Selbst geringe klimatische Veränderungen beeinflussen unser Leib-Seele-Gefüge. Die sogenannte Wetterfühligkeit ist das beste Beispiel dafür. Und ein Arzt, der solche »Stressoren« als Grund für viele Krankheiten ansieht, muß sich die Zeit nehmen, den Ursachen durch das Gespräch mit dem Patienten auf die Spur zu kommen. Nur so lassen sich wirkungsvolle Therapien und Gegenmaßnahmen erarbeiten.

Streß gestern und heute

Aber so rasant die Entwicklung der Streßforschung in den letzten Jahren auch war und obwohl sie uns eine Fülle von neuen Einsichten in die Zusammenhänge zwischen Streß und Krankheit geliefert hat – eigentlich ist das alles nichts Neues. Streß und seine schädlichen Auswirkungen auf die Gesundheit gibt es seit Anfang der Menschheitsgeschichte. (Natürlich haben sich die Inhalte dessen, was als Streß betrachtet wird, im Laufe der Jahrhunderte gewandelt.) Dieses Phänomen ist also nicht neu – neu ist nur, daß wir inzwischen eine Menge mehr über die medizinischen Zusammenhänge zwischen belastenden Situationen und körperlichen Reaktionen herausgefunden haben, nicht zuletzt, weil in unserem Jahrhundert eine Reihe von technischen Hilfsmitteln entwickelt wurden, die es uns erlauben, auch Vorgänge, die im vegetativen Nervensystem und damit unbewußt ablaufen, meßbar zu machen. Inzwischen ist auch experimentell bewiesen, daß äußere Faktoren Einfluß auf unsere Körperfunktionen nehmen und umgekehrt. Ein neuer Zweig der Medizin, der sich mit diesen Zusammenhängen befaßt, die Psychosomatik, ist entstanden.

Die Rolle der Psychosomatik

Die Psychosomatik geht von folgenden Voraussetzungen aus:

1. Alle seelischen Vorgänge beeinflussen bestimmte Körpervorgänge, auch wenn es nicht äußerlich sichtbar wird.

2. Alle körperlichen Vorgänge haben auch seelische Auswirkungen! (Diese sind oft nicht direkt fühlbar und können auch erst später und in anderen Situationen spürbar werden.)

Selbst die medizinischen Teildisziplinen, die vormals rein körperlich orientiert waren, wie etwa die Chirurgie, erkennen inzwischen den Einfluß der Seele auf das körperliche Geschehen an. Das beste Beispiel ist das »Schmerzerleben«. Schmerz kann sowohl organischen wie auch seelischen Ursprungs sein. Je länger ein Schmerz besteht, desto mehr überwiegen die seelischen Faktoren. Ein Schmerz kann dann sogar auch bei Wegfall der Organgrundlage aufrechterhalten werden, wie die sogenannten »Phantomschmerzen« an amputierten, also nicht mehr vorhandenen Gliedmaßen beweisen.
(Der hier immer wieder gebrauchte Begriff »Seele« meint dabei die bereits im 19. Jahrhundert allgemeine Bezeichnung für Psyche, wobei dann also eine Seelenstörung nichts anderes ist als der Ausdruck für eine psychische Erkrankung.)
Bei den Bemühungen, für psychosomatische Erkrankungen Therapien zu entwickeln, die über die Psyche auf den Körper wirken, sind in unserem Jahrhundert sehr viele medizinisch anerkannte Verfahren wie auch Außenseitermethoden entstanden.
Gleichzeitig wurde auch ein anderer Weg zur Streßbewältigung beschritten. Psychopharmaka (Arzneimittel, die auf die Psyche wirken) kamen auf den Markt, die eine Heilung von Seele und Körper ohne eigenes Zutun versprechen. Übrigens ein großer Irrtum, der aber noch immer weit verbreitet ist, wie

der Riesenumsatz an Beruhigungs- und Schlafmittelpräparaten beweist. Es gibt sicher aus medizinischer Sicht viele Situationen, wo ein Beruhigungsmittel erforderlich ist, zum Beispiel zur Ruhigstellung nach einem Schock. Somit wäre der totale Verzicht auf jede Art von Psychopharmaka ebenso falsch wie der kritiklose Einsatz dieser Medikamente.
Durch die Einnahme von Beruhigungsmitteln wird der Körper quasi »überlistet« und seine wichtigen und richtigen Streßsignale werden übertönt, so daß Arzt und Patient leicht den Eindruck gewinnen können, nun sei alles in Ordnung. Aber eine medikamentös, also künstlich erzeugte Entspannung kann nie den gleichen Erholungseffekt für Körper und Seele haben wie eine natürliche. Läßt die Wirkung des Medikaments nach, ist nämlich auch die Verspannung wieder da. Jeder, der wirklich etwas gegen den Streß in seinem Leben tun möchte, sollte sich also – in Absprache mit seinem Arzt – nach geeigneten Methoden, die Körper und Seele gleichermaßen berücksichtigen, umsehen.
Insgesamt hat es der medizinische Laie nämlich nicht leicht, das Überangebot an nützlichen »Tips und Tricks« zur Erlangung und Erhaltung der Gesundheit und der Bewältigung von Streß zu beurteilen. Diese Ausführungen sollen daher ein paar allgemeine, wissenschaftlich abgesicherte Grundkenntnisse über Streß vermitteln sowie die wichtigsten Möglichkeiten der Selbsthilfe aufzeigen.

Was ist eigentlich »Streß«?

Die meisten Menschen verstehen unter dem Begriff Streß etwas, das ihnen Angst macht, sie körperlich oder geistig überfordert. Wenn eine genaue Ursache für ein Unwohlsein nicht ersichtlich ist, sind es dann eben »die gestreßten Nerven«! In einer Vorstufe muß auch manchmal das Wetter oder der Klimawechsel herhalten, um das eigene Leiden zu erklären. Schuld an Mißgeschikken des Alltags ist immer der Streß! Aber so einfach ist das nicht, denn Streß ist nicht gleich Streß. Unter Streß versteht man medizinisch erst einmal ganz wertneutral:

»Ein Zustand des Organismus, der durch bestimmte körperliche Reaktionen – wie Blutdrucksteigerung, schnellerer Herzschlag oder beschleunigte Atmung – auf unspezifische Reize ausgelöst werden kann.«

Damit ist nichts darüber gesagt, ob Streß positiv oder negativ ist. Ein etwas kräftiger und schneller pulsierendes Herz beispielsweise verschafft uns die

Möglichkeit, eine Gefahrenquelle schneller zu verlassen. Das wäre dann eine typische Fluchtreaktion. Andere Streßreize wiederum lassen uns eine angenehme Situation erst richtig genießen. Was wäre ein Rendezvous ohne Herzklopfen?
Ein gewisses Maß an Streß, und das kann natürlich je nach individueller Ausgangslage sehr unterschiedlich sein, ist für unser Wohlbefinden geradezu erforderlich.
Die moderne Streßforschung unterscheidet deshalb zwei verschiedene Streßformen:

1. Den Eustreß, der zur Gesunderhaltung des Gesamtorganismus notwendig und gut ist, und

2. den Distreß, der unser Leib-Seele-Gleichgewicht auf Dauer stören und zu psychosomatischen Krankheiten führen kann.

Wie wichtig »Eustreß« für unser alltägliches Leben ist, wird verständlich, wenn wir uns vergegenwärtigen, wie trostlos und einsam ein isoliertes Dasein wäre. So wie es alten Menschen geht, die ohne Partner, Familie oder Freunde vereinsamen, keinen Reiz zur Aktivität oder Auseinandersetzung mit der Umwelt mehr haben. Hier ist keineswegs der langsame körperliche Abbau für das geistig-körperliche Abstumpfen verantwortlich zu machen, sondern vor allem der fehlende und anregende »Eustreß«!
Allerdings gibt es erstaunliche individuelle Unterschiede bei der Verarbeitung der Reize! Die Belastbarkeit, also auch die Möglichkeit, den Distreß zu bewältigen, hängt dabei von mannigfaltigen erlernten Faktoren ab. Sie variiert von Mensch zu Mensch erheblich: was der eine ignorieren kann, macht den anderen bereits wahnsinnig. »Das bringt mich noch zur Weißglut«, kann den Gesprächspartner womöglich nur zu einem erstaunten Lächeln bewegen und umgekehrt!
So wird ein Hundegebell in dem Züchter andere Gefühle wecken als in demjenigen, der sich dadurch gestört fühlt. Ein und dieselbe Reizsituation kann also Eustreß oder Distreß gleichzeitig sein, kann zu Anspannung und Verspannung oder auch zur Entspannung führen.
Wer beispielsweise keine klassische Musik mag, wird diese als unangenehm und somit als Distreß empfinden und auch entsprechend reagieren (etwa mit Pulsanstieg). Ein Mensch dagegen, der sich bei klassischer Musik entspannt, wird sich auch körperlich entspannen, indem der Puls langsamer wird.
Was die beiden Menschentypen unterscheidet, ist lediglich der Lernprozeß! Die Reaktion auf die allermeisten Reize wird also gelernt und ist damit auch von Mensch zu Mensch verschieden. Somit ist es auch nicht möglich, allge-

meingültige Streßfaktoren zu definieren, denn, wie das Sprichwort schon sagt: »Was dem einen sein Uhl, ist dem anderen seine Nachtigall«!
Für unser allgemeines Wohlbefinden ist die Dynamik zwischen Anspannung und Entspannung aber wichtig: Ein Zuwenig an Aufregung ist genauso schädlich wie ein Zuviel. Gefährlich wird es allerdings, wenn die durch die Streßfaktoren erzeugten körperlichen Reaktionen und Verspannungen nicht wieder abgebaut werden. Problematisch ist, daß viele Menschen gar nicht mehr merken, daß sie ständig angespannt, also »gestreßt« sind. Gezielte Entspannung ist aber erst möglich, wenn man sich seiner Verspannungen bewußt wird.
Schaffen wir es, die für uns negativen Reize zu erkennen, können wir auch unseren Umgang damit verändern. Distreß kann dann zwar nicht in seiner Entstehung verhindert werden, jedoch in seinen negativen Einflüssen durch rechtzeitiges »Abschalten«, gleichgültig ob körperlich oder seelisch, gelindert werden.
Das Kleinkind hat dabei noch eine unverfälschte Art und Weise, bei Reizüberflutung (Distreß) gegebenenfalls »abzuschalten«. In einem offenen Kinderwagen läßt das Kind nur Eustreß auf sich einwirken (da gibt es nämlich viel zu schauen und zu lernen); werden die Reize überfordernd (Distreß) oder uninteressant, schläft es ein. Ein natürlicher »Abschaltvorgang«, der dem Erwachsenen im späteren Leben leider allzu häufig verlorengeht.
Wir sollten uns demnach nach anderen Wegen umschauen, um wieder »abschalten« zu können. Eine erlernbare und gezielte Entspannung wäre ein Ausgleich für den täglich anfallenden Distreß.
Die Erkenntnis, daß Entspannung unser Wohlbefinden steigert und Krankheitsprozesse verhindert, läßt denn auch viele Menschen einen Ausgleich suchen. Immer mehr »Distreßgeplagte« schauen sich nach Methoden um, die Regeneration und Erholung versprechen. Ein erschöpfter Organismus gleicht einem »Leib-Seele-Akkumulator«, der durch Entspannung nachgeladen werden kann.
Übrigens »lebt« ein Akkumulator, also eine immer wieder aufladbare Batterie, auch länger, wenn er ab und zu entladen und danach wieder nachgeladen wird! Übertragen auf unsere Situation bedeutet das: Wir benötigen keine Dauernachladung durch Abschalten, sondern eine ausgewogene Dynamik zwischen beiden Extremen.
Jeder von uns sollte also die individuelle, optimale Balance zwischen Eustreß und Distreß erkennen und nutzen.

Unser Körper und seine Reaktionen

Die Grundvoraussetzung jeder Reizübertragung ist das Vorhandensein von Übermittlungswegen, die im gesamten Körper des Menschen durch ein Netz der verschiedensten Nerven gegeben sind. Diese Nervenbahnen stellen für jede denkbare Funktion des Körpers und der Seele die Signalleitungen dar.
In unserem Nervensystem können dabei zwei Arten von Nervenbahnen unterschieden werden: einmal solche, deren Signale wir spüren, und zum zweiten solche, deren Funktion wir nur indirekt bemerken. Tritt uns jemand auf den Fuß, spüren wir den Schmerzreiz durch einen Rezeptor (Reizaufnehmer), der dann die Information an das Gehirn weiterleitet. Hier übersetzt dann das Gehirn die übermittelte Information in das Gefühl Schmerz.
Völlig unbewußt und autonom (der Fachausdruck heißt »vegetativ«) reagiert aber im nächsten Schritt der Körper und reflexartig ziehen wir, wenn das möglich ist, den Fuß zurück.
Glücklicherweise geschehen die meisten Reaktionen und aufeinander abgestimmte Regelungen »automatisch« (vegetativ), ohne daß unser Bewußtsein dies wahrnimmt! Wenn wir das alles bewußt steuern müßten, würden wir vermutlich nicht nur ein heilloses Durcheinander anrichten, sondern könnten uns Tag und Nacht mit nichts anderem beschäftigen. Man stelle sich nur vor: Jeder Herzschlag und jeder Atemzug erfordere einen bewußten Befehl!
Die vegetative Steuerung etwa des Blutdrucks, des Pulses oder der Produktion von Hormonen entlastet also unser bewußtes Denken. Unser vegetatives Nervensystem ist zudem ein sehr flexibles Regelsystem, das auch Umweltreize jeder Art mit berücksichtigt. Als Beispiel sei die Temperaturregelung unseres Körpers genannt: Wir beginnen zu schwitzen, um durch die Verdunstungskälte einer Überhitzung entgegenzuwirken, oder bekommen eine Gänsehaut, wenn wir frieren, um Wärme zu erzeugen.
Wichtig ist ferner die Tatsache, daß unsere vegetativen Regelkreise nicht nur auf Signale aus der Umwelt, sondern auch auf innere Reize reagieren. Gefühle, also etwa Freude oder Ärger, können auch zu (vegetativen) körperlichen Reaktionen führen. Das Gefühl der »Peinlichkeit« in einer bestimmten Situation läßt uns beispielsweise erröten; genauso wie uns auf der anderen Seite eine körperliche Veränderung (Knochenbruch oder ähnliches) auch seelischen Kummer und Schmerzen bereitet.

Die Art der jeweiligen vegetativen Reaktionen ist bei jedem Menschen unterschiedlich. Zum Beispiel erröten nicht alle Menschen bei peinlichen Gefühlen! Aber ganz ohne körperliche Reaktionen gibt es keine Gefühle. Meistens sind es nur andere Ventile, die bewußt oder unbewußt benutzt werden! Manch einer reagiert vielleicht eher mit dem Magen, weil er versucht, den Ärger zu schlucken, ein anderer mit Kopfschmerzen oder Migräne, weil ihm zu viele Dinge unbewältigt durch den Kopf gehen, ein weiterer vielleicht mit Muskelverspannungen oder Schlafstörungen...

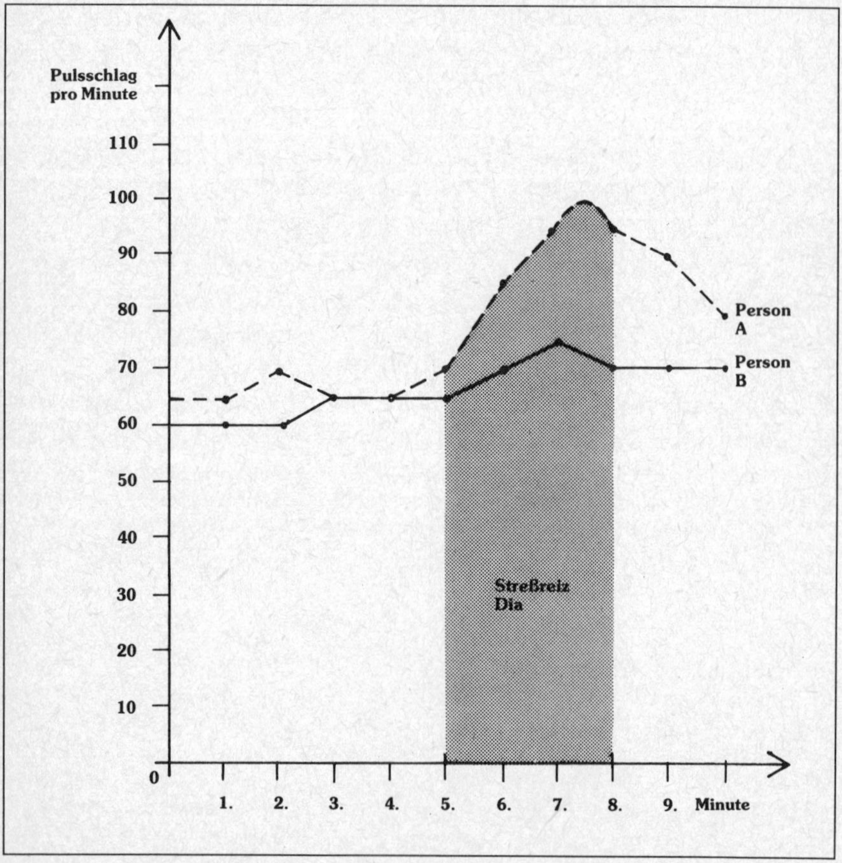

Abbildung 1: Die Grafik zeigt die unterschiedlichen Reaktionen auf einen Reiz. Person A hat große Angst vor Hunden und reagiert auf das Dia eines Hundes mit einer deutlichen Erhöhung des Pulsschlages, also mit einer Distreßreaktion, wohingegen Person B, da sie Hunde mag, von dem Dia eher angeregt wird, also eine Eustreßreaktion zeigt.

Sätze wie:
»Der Ärger schlägt auf den Magen...«,
»Vor Angst keine Luft mehr bekommen...«,
»Die Sorgen machen mir Kopfzerbrechen...«,
haben also eine körperliche Grundlage und somit durchaus ihre Richtigkeit.

Die Grundlagen der Nervenfunktionen

Die Grundvoraussetzung dafür, daß wir Reize empfangen können, ist ein vernetztes System von Nerven, die über das Rückenmark eine Verbindung zu unserer »Zentrale«, nämlich dem Gehirn, herstellen. Die Weiterleitung der Reize zum Gehirn geschieht grundsätzlich über zwei Wege:

1. Elektrische Fortleitung eines Reizes in Form kleinster Stromimpulse, die entlang der »Nervenkabel« weitergeführt werden.

2. Biochemische Weiterleitung des Signals in Form kleinster Mengen sogenannter Transmitterstoffe, die an den Synapsen (Koppelstellen der Nerven untereinander) ausgestoßen werden und für ein erneutes elektrisches »Minisignal« (Aktionspotential) sorgen.

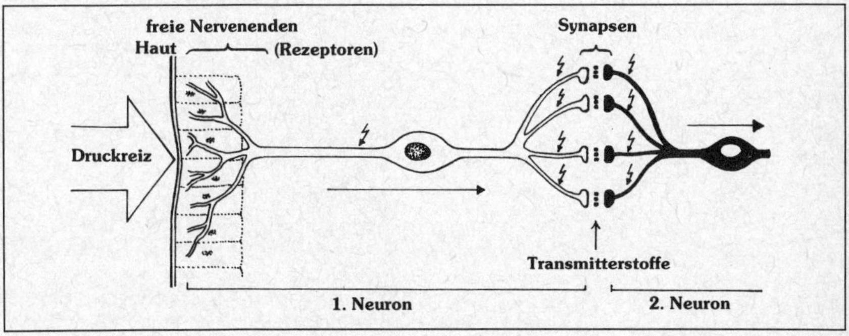

Abbildung 2: Schematische Darstellung einer Reizübertragung. Der Reiz geht von dem Finger aus, der auf die Haut drückt. Die freien Nervenenden, die Rezeptoren, nehmen diesen Druck wahr und wandeln ihn in ein elektrisches Signal um. Dieses Signal wandert entlang der Nervenzelle, dem sogenannten Neuron, bis zu den Synapsen. Hier, an den Kopplungsstellen zum nächsten Nerv, wird dieser elektrische Impuls in eine biochemische Reaktion übersetzt. Die Synapsen scheiden Transmitterstoffe, also Übertragungsstoffe aus, die zu den Synapsen der nächsten Nervenzelle wandern und dort wieder in elektrische Impulse zurückverwandelt werden. Diese Impulse wandern entlang der nächsten Nervenzelle bis zu den nächsten Synapsen usw., bis der Impuls im Gehirn angekommen ist.

Abbildung 3:
Schematische Darstellung der Sinneswahrnehmung und der Weiterleitung der Reize zum Gehirn.
1. Neuron: Aufnehmender Nerv und Weiterleitung des Reizes bis zum Rückenmark
2. und 3. Neuron: Umschaltung und Weiterleitung der Impulse in Richtung Gehirn
4. Neuron: Wahrnehmung des Reizes in den verschiedenen Hirnzentren und Lokalisation des Schmerzes

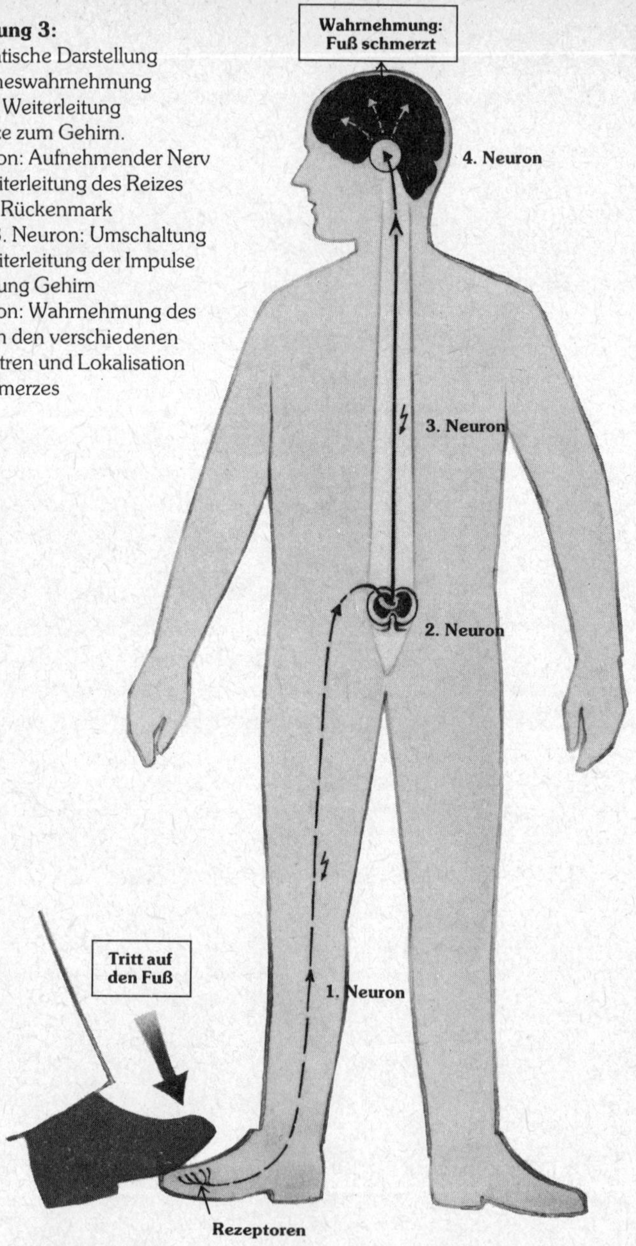

Die Abbildung auf Seite 16 zeigt eine schematische Darstellung der Reizübertragung vom Fuß zum Gehirn.
Die elektrischen Umpulse, die entlang der Nervenzellen laufen und so die Information weitertransportieren, sind übrigens mit speziellen Apparaten meßbar.
Die praktische Anwendbarkeit dieser Möglichkeit kennen Sie alle. So werden zum Beispiel die entstehenden elektrischen Signale des Herzens beim EKG (Elektrokardiogramm) gemessen, um den Funktionszustand des Herzens zu prüfen. Aus diagnostischen Gründen wird auch oft ein EEG (Elektroenzephalogramm) angefertigt, das heißt die elektrischen Ströme des Gehirns gemessen, um eine Aussage über die Hirnfunktion machen zu können. Bei Vorhandensein eines Tumors sind beispielsweise die elektrischen Impulse über dem Gebiet des Tumors verändert, so daß man ihn diagnostizieren und lokalisieren kann.
Unser Gehirn erhält seine Informationen also immer über Rezeptoren und über die entsprechenden Nervenbahnen. Übrigens können wir sehr viele Informationen auf einmal wahrnehmen. Die menschliche Kapazität liegt bei 10 000 000 000 Informationseinheiten pro Sekunde. Die Aufnahmemenge jedoch, die wir bewußt verarbeiten können, liegt bei nur 10–100 Informationseinheiten pro Sekunde (bit/sec). Der Rest der einlaufenden Informationen wird unterbewußt oder einfach gar nicht verarbeitet. Wir haben also gelernt, wichtige Informationen aus der Vielzahl der eingehenden Reize auszufiltern und unwichtige abzublocken. Ohne diese Fähigkeit könnten wir gar nicht überleben, denn wir würden unter dem Ansturm der Reize bald an ständiger Reizüberflutung sterben.

Das vegetative Nervensystem

Jeder Mensch (und die meisten Tiere) verfügt über zwei Nervensysteme, mit denen unterschiedliche Dinge gesteuert werden. Unsere Skelettmuskulatur wird vom somatischen Nervensystem, das wir mit unserem Willen beeinflussen können, bewegt, und die meisten anderen Vorgänge in unserem Körper wie die Tätigkeit der Drüsen, der Herzschlag, der Blutdruck usw. unterliegen der Kontrolle des vegetativen Nervensystems, das mit unserem Willen kaum zu beeinflussen ist.
Aber, genau wie das somatische Nervensystem, reagiert das vegetative auf Reize, die von den Rezeptoren an das Gehirn weitergeleitet werden, aber mit dem Unterschied, daß wir in diesen Regelkreis nicht willentlich eingreifen können. Wir können uns zwar zwingen, den Finger nicht aus der Kerzenflam-

me zu ziehen, obwohl er schmerzt, aber die Erhöhung der Herzschlagfrequenz aufgrund des Schmerzes haben wir nicht unter Kontrolle.
Da das vegetative Nervensystem und seine Befehle an den Körper aber das Hauptproblem bei Streß und seiner Verarbeitung ist, soll es noch ein bißchen näher erklärt werden.
Das vegetative Nervensystem ist allgemein für die Regelung der Organfunktionen verantwortlich, paßt sie den jeweiligen äußeren und inneren Umständen an und kontrolliert so das innere Milieu des Körpers. Auch die Muskulatur unserer inneren Organe und die Funktion der Drüsen wird von diesem System gesteuert.
Wichtig ist noch, daß es mit zwei entgegengesetzt wirkenden Teilsystemen arbeitet: dem Sympathikus und dem Parasympathikus.
Diese beiden Systeme arbeiten antagonistisch, das heißt entgegengesetzt. Wie sich das im einzelnen auswirkt, zeigt die schematische Gegenüberstellung auf Seite 19.
Zwar ist die Gegenüberstellung der Wirkungen von Sympathikus und Parasympathikus bei weitem nicht vollständig, aber schon dieser Ausschnitt zeigt, daß das sympathische Teilsystem eher eine aktivierende und das parasympathische eher eine entspannende Funktion hat. Folgerichtig sind wir auch tagsüber – also in unserer aktiven Phase – eher vom Sympathikus gesteuert, während nachts überwiegend der Parasympathikus regiert. Aber beide Systeme sind Tag und Nacht einsatzbereit und arbeiten oft gleichzeitig. Ihre Zusammenarbeit wird im Gehirn koordiniert.

Schaltzentrale Gehirn

Alle Informationen laufen im Gehirn zusammen und werden dort be- und verarbeitet. Wenn eine Reaktion erforderlich ist, gibt das Gehirn den Befehl dazu an die entsprechenden Muskeln oder Organe weiter.
Für Handlungen, die wir bewußt steuern können, wie etwa die Bewegung der Gliedmaßen, ist dieser Vorgang noch recht gut vorstellbar. Das folgende Beispiel soll ihn noch einmal veranschaulichen: Stellen Sie sich vor, Sie gehen die Straße entlang und sehen einen Bürgersteig. Diese Information gelangt über die Augen zum Gehirn, wird da verarbeitet und in den Befehl »Bein anheben!« umgesetzt. Dieser Befehl läuft dann entlang der Nervenbahnen bis zu den entsprechenden Muskeln im Bein. Die ankommenden elektrischen Impulse veranlassen die Muskelfasern, sich zusammenzuziehen, und das Bein hebt sich. Das ist zwar alles recht vereinfacht dargestellt, aber im Prinzip spielt es sich so ab.

Sympathikus		Organ		Parasympathikus
Aktivierung, Erhöhung der Herzschlagfrequenz	→	Herz	←	Beruhigung, Herabsetzung der Herzschlagfrequenz
Verengung der Blutgefäße, Blutdruckanstieg	→	Blut-gefäße	←	Erweiterung der Blutgefäße (Erschlaffung), Blutdruckabfall
Erschlaffung der Blasenmuskulatur, Entleerung	→	Blase	←	Aktivierung der Blasenmuskulatur, Verschluß der Blase
Erweiterung der Pupillen	→	Augen	←	Verengung der Pupillen
Verengung der Bronchien	→	Bronchien	←	Erweiterung der Bronchien
Erschlaffung, Entspannung der Darmmuskulatur	→	Darm	←	Aktivierung der Darmmuskulatur, Verdauung
Aktivierung der Schweißdrüsen	→	Schweiß-drüsen	←	eher hemmend
Aktivierung und Produktion von »Streßhormonen«, die den Körper in Alarmbereitschaft versetzen	→	Neben-nieren	←	eher hemmend

Abbildung 4: Die Wirkung des sympathischen und parasympathischen Teilsystems auf verschiedene Körperfunktionen

Etwas schwerer vorstellbar ist dieser Vorgang bei den vegetativen Reaktionen, also denjenigen Körpervorgängen, die wir nicht bewußt steuern können.

Aber schauen wir uns zunächst einmal das Gehirn und seinen Aufbau an:

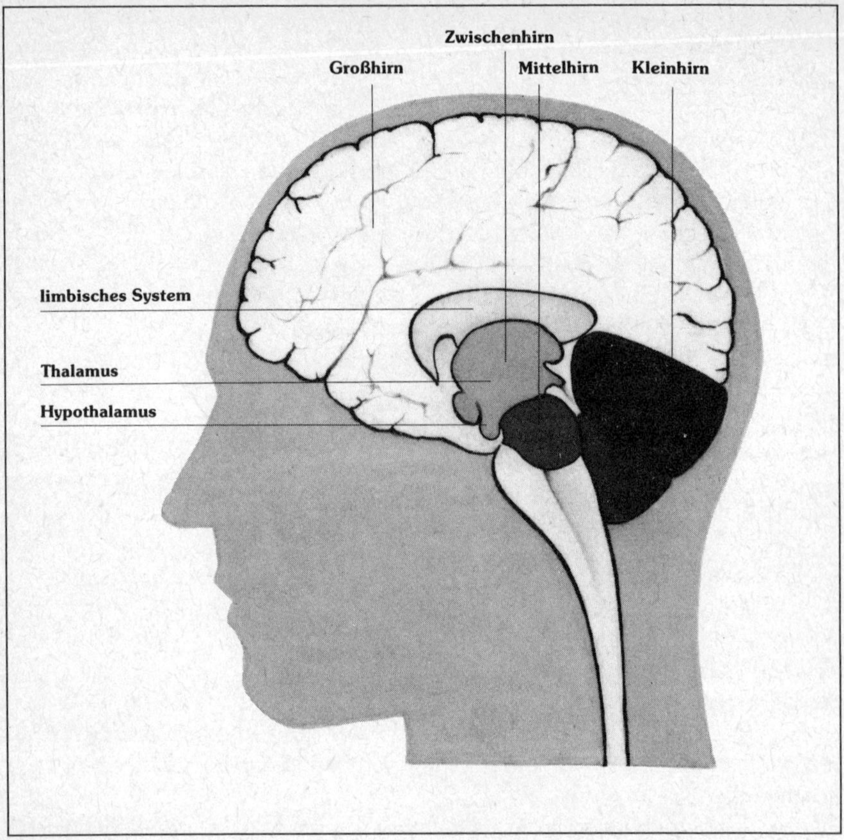

Abbildung 5: Längsschnitt durch ein menschliches Gehirn (schematische Darstellung). Auch wenn die einzelnen Zentren des Gehirns gegeneinander abgegrenzt sind, sind sie doch miteinander verbunden, arbeiten zusammen und beeinflussen sich gegenseitig.

Für die Steuerung unserer vegetativen Reaktionen spielen Hypothalamus und limbisches System eine entscheidende Rolle. Der Hypothalamus stimmt die Tätigkeit des vegetativen Nervensystems und Teile des Zentralnervensystems und des Hormonsystems aufeinander ab. Vom Hypothalamus werden unter anderem geregelt: die Körpertemperatur, der Wasserhaushalt des Gewebes, die Nahrungs- und Flüssigkeitsaufnahme und der Sexualtrieb. Die Befehle gibt der Hypothalamus nicht nur in Form von Nervenimpulsen an die Organe, sondern auch durch Hormone. Diese Steuerungshormone beeinflussen die Tätigkeit anderer Hormondrüsen. Der Hypothalamus ist die

Schaltstelle zwischen Nervensystem und Hormonsystem. Er ist Nervenzentrum und Hormondrüse in einem.
Genauso wichtig ist die Rolle des limbischen Systems. Es handelt sich um eine Art vegetatives Gehirn, das dem Hypothalamus übergeordnet ist. Reiz- und Ausschaltversuche in diesem Gebiet ergaben, daß gewisse Teile für die emotionale Tönung des Verhaltens wesentlich sind. Gefühle wie Angst, Wut oder Geborgenheitsgefühl gehen von hier aus. Auch für die gefühlsmäßige Reaktion auf einen Sinneseindruck (ob wir einem Reiz gegenüber positiv oder negativ eingestellt sind) ist das limbische System von Bedeutung. Da der Erinnerungswert eines Eindrucks von damit einhergehenden Gefühlen abhängt, wird verständlich, daß das Kurzzeitgedächtnis an das normale Funktionieren des limbischen Systems gekoppelt ist.
Ohne weiter auf den komplexen Aufbau des Gehirns und die bis heute noch nicht ganz erforschten »Arbeitsbereiche« der einzelnen Teile und ihre Vernetzung untereinander einzugehen, soll hier nur noch kurz etwas zum Groß- und Kleinhirn gesagt werden.
Aufgabe des Kleinhirns ist es, die Tätigkeit der verschiedenen motorischen Zentren (also die Zentren, in denen unsere Bewegungen gesteuert werden) miteinander zu koordinieren und dabei die zielgerichtete Durchführung der vom Großhirn »entworfenen« Willkürbewegungen zu gewährleisten. Im Kleinhirn findet außerdem die Feinkoordinierung der Körperhaltung, des Gleichgewichts und des Muskeltonus statt.
Obwohl die Flexibilität und Präzision, mit der unser Gehirn auf die vielfältigsten Reize reagiert und die Funktionen unseres Körpers steuert und koordiniert, ein Wunder ist, ist seine Anpassungsfähigkeit doch nicht von allen Reizen anhängig.
Auf eine vermeintliche oder tatsächliche Gefahr hin reagiert es nämlich noch heute wie vor Jahrtausenden mit dem sogenannten »fight-or-flight-response« (kämpfe oder fliehe). Dann laufen im Körper folgende Vorgänge ab:
Vom Hypothalamus geht an die Nebennieren der Befehl, verstärkt Adrenalin (und andere Stoffe) auszuscheiden, der Sympathikus wird aktiviert und der Körper in einen Alarmzustand versetzt:

- Das Herz schlägt schneller,
- der Blutdruck steigt, da die Blutgefäße sich verengen,
- Energiereserven werden mobilisiert, Fett- und Blutzuckerspiegel des Blutes steigen,
- die Muskeln werden stärker durchblutet, Haut- und Verdauungsorgane erhalten weniger Blut,
- die Blutgerinnungsfähigkeit wird heraufgesetzt, damit Wunden sich im Fall einer Verletzung schneller schließen.

Der ganze Körper ist nun auf eine schnelle Reaktion auf eine körperliche Bedrohung vorbereitet. Eine durchaus optimale Anpassung an eine Umwelt, in der eine plötzliche Begegnung mit einem Bären zur Tagesordnung gehörte. Dieser Reflex hat sicher unseren Vorfahren oft das Leben gerettet, aber für unsere heutigen Lebensumstände ist er meist nicht mehr ganz passend. Es besteht im normalen Umgang miteinander doch selten die Gelegenheit, seinen Mitmenschen an die Gurgel zu springen oder sich einer Situation durch schnelle Flucht zu entziehen. Auch die Emotionen wie Wut, Angst oder Verletztheit können sich nicht entladen und meist müssen wir alles »herunterschlucken«. Am besten wäre es, wenn wir die Energiereserven, die der Körper bereitgestellt hat, auch nutzen würden, etwa durch einen Waldlauf oder vielleicht Holzhacken. So würde der Körper am ehesten seinen Streß – also Alarmzustand – abbauen und sich wieder entspannen können. Da dies aber in der Regel nicht möglich ist, müssen wir nach anderen Möglichkeiten Ausschau halten, mit dem Streß sinnvoll umzugehen.

Die Rolle des Lernens

Wie die Abbildung 1 (siehe Seite 14) schon veranschaulicht hat, sind unsere Reaktionen auf die meisten Reize irgendwann einmal erlernt worden, also nicht angeboren. Person A aus unserem Beispiel, die Angst vor Hunden hat, hat vielleicht als kleines Kind einmal eine schlechte Erfahrung mit einem Hund gemacht, die Angst, die sie dabei empfunden hat, verinnerlicht und auf alle Hunde übertragen. Jedesmal, wenn sie jetzt einen Hund sieht, läuft derselbe Automatismus ab: Reiz: Hund = Gefahr = Alarm = Streßreaktion.
Vegetative Reaktionen auf bestimmte Reize werden genauso gelernt wie etwa Lesen und Schreiben. »Gewöhnt« man sich daran, in gewissen Situationen der Angst mit erhöhtem Pulsschlag zu reagieren, so kann dies dazu führen, daß sich diese Reaktion immer mehr verfestigt. Auch bei weniger ausgeprägter Angst wird dann der Puls mit Beschleunigung, also eigentlich »unangepaßt«, reagieren!
Natürlich wird eine angepaßte Reaktion genauso erlernt. Ein Kind, das beim Anblick eines Karussells zunächst noch Furcht empfindet, wird nach den ersten angenehmen Erfahrungen diesen Anblick in Zukunft freudig begrüßen. Nach heutigen Erkenntnissen sind alle Lernvorgänge in verschiedenen Teilen des Gehirns gespeichert. Träger dieser Erinnerungen sind kleine Eiweißmoleküle (Engramme), die nach dem Erlernen bestimmter Dinge im Gehirn nachgewiesen werden können. Somit gibt es für alles einmal Erlernte – ob positiv oder negativ – bestimmte Gedächtnismoleküle!

Es werden aber nicht nur Tatsachen, sondern auch die mit dem Erinnerten verbundenen Gefühle – ob positiv oder negativ – gespeichert. Ein Beispiel soll dies verdeutlichen:
Wir erinnern uns an eine schöne Urlaubssituation: Damit rufen wir den gespeicherten Inhalt im Gehirn ab. Hierdurch empfinden wir ein ähnliches Gefühl wie in der Urlaubssituation selbst, wahrscheinlich nur etwas abgeschwächter. Auch der Körper reagiert dann bei der Erinnerung daran wieder ähnlich wie bei der zurückliegenden Urlaubssituation. Atmung, Puls und Muskelanspannung verändern sich ein klein wenig, und wir verspüren einen Anflug des Wohlbehagens, das wir damals empfunden haben. Unser vegetatives Nervensystem ist also nicht nur durch äußere Reize, sondern auch durch unsere Gedanken und Vorstellungen zu beeinflussen.
Was einerseits mal wieder die Einheit von Leib und Seele beweist, andererseits uns den Weg zeigt, wie man mit Streß umgehen kann. Einmal, indem man das vegetative Nervensystem durch angenehme Vorstellungen beruhigt und entspannt und zum anderen, indem man versucht, unangemessene Reaktionen wieder zu verlernen.

Der richtige Umgang mit den Streßsignalen

Glücklicherweise ist der Mensch keine »Reiz-Reaktionsmaschine« oder funktioniert wie ein Computer, bei dem alles planbar und berechenbar ist. Unsere Reaktionen sind vielmehr von den Erfahrungen abhängig, die wir im Laufe unseres Lebens sammeln und damit bei jedem Menschen verschieden.
Wie schon besprochen, werden auch die vegetativen Reaktionen auf einzelne Reize oder ganze Reizkonstellationen erlernt. Bei starken Belastungssituationen – egal ob geistiger oder körperlicher Art – kommt es zu kurzzeitigen Fehlsteuerungen, die aber in der Regel nicht krankmachend wirken. Wie schon erwähnt, sind solche Alarmreaktionen des Körpers auf Streß-Signale eine nützliche Aktivierung, um eine optimale Anpassung des Organismus an die jeweilige Situation zu gewährleisten.
Auch in der Tierwelt hat eine solche Reaktion den Sinn, die Verteidigungs- oder Fluchtbereitschaft schnell herzustellen. Selbst bei uns wird ja völlig »instinktiv« ein Distreß-Reiz mit einer Körperreaktion, wie etwa Blutdruckanstieg, beantwortet.
Die allermeisten, täglich anfallenden Streßreize, die einen kurzzeitigen Alarmzustand des Körpers bewirken, führen nicht zu bleibenden Fehlfunktionen, sondern der Körper entspannt sich ohne äußere oder innere Hilfe nach einer Weile wieder. Dabei muß man aber immer bedenken, daß die individuelle Belastbarkeit in Bezug auf Reizüberflutungen, also Distreß, höchst unterschiedlich ist.
Unsere Belastbarkeit ist dabei in erster Linie von den im Laufe des Lebens erlernten Bewältigungsstrategien zum Streßabbau abhängig.
Unter »Bewältigungsstrategien« versteht man die allgemeine Fähigkeit, auf bewußter wie unbewußter Ebene auf jede Art von Streß (Eu- und Distreß) zu reagieren. Das wichtigste dabei ist, die Körpersignale, die eine Streßsituation anzeigen, zu erkennen und richtig zu deuten, um überhaupt an einer Bewältigung arbeiten zu können. Zum besseren Verständnis einige Beispiele aus dem Alltag.
Wer wegen einer Auseinandersetzung mit dem Arbeitgeber, vielleicht ein Streit mit dem Chef wegen einer fälligen Gehaltserhöhung, am gleichen Abend schlechter einschlafen kann, wird sicher nicht aufgrund dieses einmaligen Ärgers bleibende Einschlafstörungen behalten. Hier wird die Reaktion

»schlechter Schlaf« als Folge des Distresses am nächsten Tag bewältigt sein, wenn das Problem ›Gehaltserhöhung‹ gelöst ist.
Alarmierend wird das Ganze erst, wenn die Einschlafstörungen bestehen bleiben, weil das Problem Gehaltserhöhung nicht befriedigend gelöst werden konnte. Nach einer Weile wird nämlich der Auslöser: »Ich bin ärgerlich und angespannt, weil ich mich unterbezahlt und deshalb nicht genügend anerkannt fühle!« in Vergessenheit geraten und zurück bleibt die Schlafstörung, für die dann eine organische Ursache gesucht wird. Der Griff zum Schlafmittel kann nur die Symptome mildern, aber nicht die Ursachen, die ja in der gekränkten Psyche liegen, beseitigen.
Unsere körperliche Gesundheit hängt also ganz eng mit unserer seelischen Ausgeglichenheit zusammen, oder – anders herum formuliert – seelische Probleme können sich durch körperliche Störungen bemerkbar machen.
Schädlich ist dabei nicht so sehr der Streß, sondern der falsche und unangemessene Umgang mit ihm, die Mißdeutung der Körpersignale und der fehlende gesteuerte Abbau der Erregung.
Zwar ist unser Körper grundsätzlich ganz gut in der Lage, auch mit den Belastungen durch Streß fertig zu werden, aber nur, wenn diese Belastungen nicht zu groß und zu langandauernd sind.
Erst das wiederholte, chronische Überschreiten der individuellen Reizgrenzen führt zu dauerhaften Störungen bis hin zu den typischen psychosomatischen Erkrankungen wie Magengeschwür, Herzinfarkt, Bluthochdruck oder ähnlichem. Streß ist also nicht grundsätzlich schädlich, nur ein Übermaß davon verkraften wir nicht.
Lassen wir zu diesem Thema den bekanntesten Streßforscher *Selye* zu Wort kommen, der folgende Definition von Eu- und Distreß gibt:
»Streß ist die unspezifische Reaktion des Körpers auf jede Anforderung, die an ihn gestellt wird.«
Das Ergebnis der Reaktion unseres Organismus bezeichnet er als »allgemeines Adaptationssyndrom«.
Ist genügend Energie zur Anpassung an die und zur Bewältigung der Situation vorhanden, fördert Streß sogar unser Wohlbefinden. Man bezeichnet ihn dann als Eustreß. Denken Sie dabei noch einmal an das Bild eines wiederaufladbaren Akkumulators, der ruhig einmal entladen werden soll, jedoch immer wieder aufgeladen werden muß. *Selye* sagt dies so:
»... Streß ist nicht nur unser ständiger Begleiter, er ist auch die Würze unseres Lebens. Nur Distreß ist jedermanns Feind.«
Was liegt also näher, als die Lernfähigkeit die wir haben, zu nutzen und uns nach Methoden umzuschauen, die den Leib-Seele-Akkumulator durch gezielte Entspannung nachladen?

Stressoren

Alle auftretenden Reize, gleichgültig ob sie in ihrer Wirkung zu Eustreß oder zu Distreß führen, werden als »Stressoren« bezeichnet. Ein Stressor ist also zunächst ganz wertneutral ein Reiz, der in unserem Körper den sogenannten »fight-or-flight-response« (siehe Seite 21 ff.) auslöst. Je intensiver (oder bedrohlicher) der Reiz ist, desto heftiger fällt allerdings die Reaktion aus. Wir wollen uns im folgenden mit den Stressoren, die Distreß erzeugen, etwas näher beschäftigen.

Ganz allgemein können wir drei Arten verschiedener Stressoren, die man auch als »Reize größerer Intensität« bezeichnen kann, unterscheiden:

1. Stressoren aus der nächsten Umgebung, wie etwa Lärm, Hitze, Schmerz, Schlafentzug oder Sauerstoffmangel, also körperlicher Streß.

2. Innere Stressoren, wie beispielsweise psychische Daueranspannung oder ständiger Kontrollzwang des eigenen Handelns. Auch psychische Isolation und die Einsamkeit zählen hierzu. All dies fällt unter den Begriff: seelischer Streß.

3. Soziale Stressoren, die mit dem Sozialstatus gekoppelt sind wie eine Wettbewerbssituation oder gesellschaftliche Zwänge. Auch eine Veränderung des persönlichen Sozialstatus (wie Auf- oder Abstieg im Beruf) stellt einen erheblichen Stressor dar. Auch eine Eheschließung zählt dazu. Das alles bezeichnet man als sozialen Streß.

Ist jemand dauernd körperlichem, seelischem oder sozialem Streß ausgesetzt, reagiert der Körper auf die ständige Überforderung zunächst mit einer Herabsetzung seiner Leistungsfähigkeit und -bereitschaft. Hört die Belastung dann immer noch nicht auf, kommt es irgendwann einmal zu psychosomatischen Erkrankungen, also zu Krankheiten, die sich zwar körperlich äußern, aber seelische Ursachen haben. Das wohl bekannteste Beispiel dafür sind Magengeschwüre. Aber auch viele allergische Reaktionen haben ihre Ursache in seelischen Leiden. Wirken gar mehrere dieser Stressoren gemeinsam, ist diese Reaktion fast unvermeidlich, wenn keine Gegenmaßnahmen getroffen werden.
Dann kommt es nämlich zu dem sogenannten »sekundären« Streß, der dadurch entsteht, daß sich viele primäre Streßreaktionen summieren und es durch dieses Übermaß an Belastung zu einer psychosomatischen Überlaufreaktion kommt.

Die Grafik verdeutlicht diesen Prozeß:

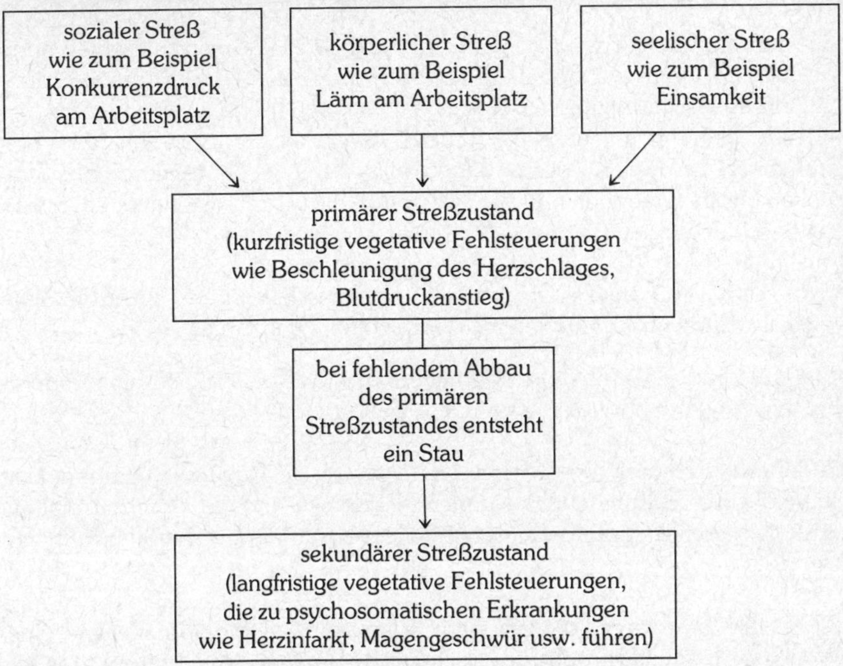

Abbildung 6: Schematische Darstellung der Wirkung von Dauerstreß auf den Organismus

Wichtig für uns alle ist daher, die primären Streßauslöser zu erkennen, um hier an der Wurzel des Übels ansetzen zu können. Ein Aufstauen bis hin zu einer psychosomatischen Erkrankung könnte dadurch verhindert werden.

Die Wechselwirkung von Schmerz und Streß

Chronische Schmerzen sind bedeutsame Distreßfaktoren des täglichen Lebens. Umgekehrt kann aber auch extremer Streß zu körperlichen Schmerzen führen. Diese Koppelung stellt auf Dauer einen »circulus vitiosus« dar, der, je länger der Regelkreis Streß – Schmerz – Streß besteht, kaum mehr auf seine Ursprünge hin zurückgeführt werden kann. Die Frage, was zuerst da war, »Henne oder Ei?« kann nicht mehr entschieden werden. Auch die behan-

delnden Ärzte stehen dann oft vor der Schwierigkeit, sowohl die körperliche Seite des Schmerzes wie den seelischen Anteil behandeln zu müssen.
Je länger ein Schmerz – gleichgültig welche Ursache er hat – aber besteht, desto wichtiger wird die psychische Seite des Schmerzes, denn die immer wiederkehrenden Schmerzattacken oder eine andauernde Pein führen unweigerlich zu Reizbarkeit und Verstimmungen. Daher sind viele chronische Schmerzpatienten depressiv, ohne daß sie dies erkennen und sich eingestehen mögen. Allzuoft vertritt der Patient auch die Meinung, daß seine Schmerzen organische Ursachen haben müssen, schon um dem Arzt gegenüber glaubwürdig zu sein. Leider wird dabei immer wieder der seelische Schmerz verdrängt und nur nach dem Organschaden gesucht. Psychosomatische Erkrankungen infolge chronischer Schmerzen sind jedoch in unserer Gesellschaft weit verbreitet. Besonders die depressiven Entwicklungen, die aufgrund chronischer Schmerzen oft stattfinden, werden gerne ›weggelogen‹: Man hat es schließlich nicht an den Nerven und tut alles, um die Ursachen in den körperlichen und somit sozial akzeptierten Bereich zu verlagern. Oft bleibt dann nur noch der Griff zu Schmerz- oder Beruhigungsmitteln, um den Schmerz zu übertönen. Eine fatale Fehleinschätzung, die lediglich in einer Medikamentenabhängigkeit enden kann!
Der scheinbar einfache und schnelle Weg, mit Hilfe von Tabletten Abhilfe zu schaffen, ist anfänglich auch viel bequemer als andere Wege, die Eigeninitiative und Problembewußtsein erfordern. Tabletten decken bestenfalls den Schmerz zu! Eine Heilung ist aber so nicht möglich, sondern erst, wenn die seelischen ernstgenommen und verarbeitet werden.
Schmerz – welche Ursache er auch hat – ist grundsätzlich als Alarmsignal zu verstehen, hat also die wichtige Aufgabe, uns rechtzeitig zu warnen und vor größerem Schaden zu bewahren. Schmerzen sollen und müssen deshalb immer ernstgenommen werden. Aber gerade Schmerzen, die ihre Ursache in seelischen Wunden haben, sollten auch auf diesem Gebiet angegangen werden.

Die Warnsignale des Körpers

Die ganzheitliche Reaktion unseres Körpers auf Streß-Signale hat auch Eingang in unsere Alltagssprache gefunden. Denken wir nur einmal an bestimmte Redewendungen, die unser psychosomatisches Erleben sehr gut schildern:
»Sich den Kopf zerbrechen ...«
»An die Nieren gehen ...«

»Unter die Haut gehen ...«
»Alles in sich hineinfressen ...«
»Weiche Knie bekommen ...«
»Ärger, der auf den Magen schlägt ...«
»Angst, die im Nacken sitzt ...«
»Der Schreck, der uns den Atem stocken läßt ...«
»Sich etwas zu Herzen nehmen ...«
»Jemandem etwas husten wollen ...«
Jeder sollte die Signale seines Körpers, die ihm ein Zuviel an Distreß anzeigen, kennen und deuten lernen.
Eine Fehlinterpretation der nützlichen Alarmzeichen könnte nämlich fatale Folgen haben. *A. T. Simons,* der sich intensiv mit der Erforschung psychosomatischer Erkrankungen beschäftigte, formuliert dazu:
»Wenn diese einst normalen und potentiell wichtigen Furchtreaktionen nicht mehr als solche bewußt werden, interpretiert der moderne Mensch sie als etwas Abnormes und betrachtet sie als Leiden. Er spricht von Verdauungsstörungen, wenn Furchtsamkeit ihm den Appetit raubt, und von Schlaflosigkeit, wenn Angst ihn nachts wachhält. Die plötzliche Ausscheidung überflüssiger Stoffe aus dem Körper nennt er Durchfall, das feste Zusammenziehen seiner Rückenmuskulatur Hexenschuß ...«
Normalerweise dauern unsere natürlichen Alarmreaktionen nur kurze Zeit an, und die bereitgestellten Energien werden sehr bald durch das Abreagieren in einer Handlung verbraucht. Gerade hierbei kommt es in unserer heutigen Zeit durch die vermehrten sozialen Zwänge und die fehlende Abfuhr der daraus resultierenden Ängste zu einem »Stau«! Denn in den allermeisten Fällen kommt es heutzutage nicht mehr zu einem befreienden »Abreagieren« etwa durch das Zeigen seiner Gefühle, durch Bewegung oder durch Lachen oder Weinen. Keiner darf schreien, wenn ihm dazu zumute wäre! Genau aus diesem Grunde (Verdrängung, Aufstau und fehlendes Abreagieren) kann es aber zu den psychosomatischen Erkrankungen kommen. Bei psychosomatisch gestörten Personen stellt man ein ständig erhöhtes Aktivierungsniveau fest! Immer wieder werden trotzdem die körperlichen Signale der erhöhten Erregung ignoriert, anstatt sie als Hinweise der seelisch-körperlichen Belastungsgrenze zu akzeptieren.
In unserer heutigen hochtechnisierten Zeit wirken die verschiedensten Streßreize unaufhörlich auf uns ein, sicherlich mehr und anders, als es noch vor Hunderten von Jahren der Fall war. Die meisten im späteren Leben psychosomatisch Erkrankten machen den Fehler, frühe Anzeichen für eine Fehlfunktion zu ignorieren. Statt die Sprache des Körpers ernst zu nehmen und etwas gegen den Distreß zu unternehmen, versuchen viele Menschen, sich an die Reizsituation zu gewöhnen. Sie suchen den Fehler anfänglich bei sich

und stellen dann an sich selbst die Forderung, noch stärker, noch belastbarer, noch leistungsfähiger zu werden!
Aus diesem Grunde kommt es dann auch im Laufe der Zeit bei diesen Menschen zu einer immer größer werdenden Spaltung zwischen Geist und Körper. Der Verstand wird eingesetzt, um die Körpersignale zu überspielen. Produktive Möglichkeiten, das eigene Verhaltens zu ändern, werden ungenutzt gelassen auf Kosten der Gesundheit! Allzu oft sind es dabei die anfänglich nur schwachen Signale, die übersehen werden. Dadurch wird der Streß aufgestaut, denn steter Tropfen höhlt den Stein.
Neuere Forschungen haben gezeigt, daß es eine deutliche Beziehung bestimmter Verhaltensweisen zu psychosomatischen Erkrankungen gibt.
Danach gibt es bestimmte Persönlichkeitstypen mit spezifischen Verhaltensweisen, die für eine bestimmte Art von Erkrankung prädestiniert sind. *Friedmann* und *Rosenman,* zwei Herzspezialisten in San Franzisko, entdeckten bei Herzinfaktpatienten immer wiederkehrende Verhaltensmuster. Sie stellten in Untersuchungen (1974) fest, daß Herzkranke in ihrer Persönlichkeit besonders ungeduldig, aggressiv, außerordentlich zielstrebig, ehrgeizig und ruhelos sind.
Diese Menschen bezeichneten sie in ihren Studien als TYP-A-Menschen. Andere, die nicht die oben genannten Eigenschaften besaßen, erkrankten weit weniger am Herzen und wurden TYP-B-Menschen genannt.
Auch anderen (psychosomatischen) Erkrankungen konnten durch die Forschungen der letzten Jahre bestimmte Persönlichkeitsprofile zugeordnet werden. So gibt es auch einen Migräne- oder Kopfschmerz-Typ. Bei diesen Menschen treten im Zusammenhang mit dem Erscheinen der Kopfschmerzen Angstgefühle und unterdrückte Spannungen auf. Die Gefühle sind so gut getarnt (verdrängt), daß sich der Patient dessen gar nicht bewußt wird. Es wurde festgestellt, daß ein typischer Migräneanfall dann verhindert werden konnte, wenn es gelang, der unterdrückten Feindseligkeit Luft zu machen.
Den Testergebnissen zufolge sind »Kopfschmerztypen« eher ehrgeizig, perfektionistisch, streng und ordentlich.
Es konnten auch Verhaltensweisen, die krebsfördernd wirken, identifiziert werden, wobei auch hier in der Hauptsache chronischer Distreß und dessen fehlende Abfuhr zur Entstehung bösartiger Tumore beitragen soll.
Das Gesagte veranschaulicht uns allen in erster Linie die Gefährlichkeit der Verleugnung der Körpersignale. Die wichtigste Aufgabe eines jeden ist das Kennenlernen der eigenen Verhaltensweisen auf Distreß. Erst im nächsten Schritt können wir dann zur Vermeidung oder Minderung von Distreß-Auswirkungen nach Methoden suchen, die uns einen Ausgleich schaffen.
Nehmen Sie vor allem Abstand von der Forderung an sich selbst, ein besonders hohes Streßniveau ertragen oder unterdrücken zu wollen.

Testen Sie Ihre Streßgefährdung

Den meisten Menschen ist zwar durchaus klar, daß sie – sei es am Arbeitsplatz oder zu Hause – vielen Streßreizen ausgesetzt sind, aber ihnen ist oft nicht bewußt, ob es sich noch um Eustreß oder schon um Distreß handelt. Die beiden folgenden Fragebogen sollen Ihnen bei der Bestimmung Ihrer individuellen Streßgefährdung behilflich sein. Im ersten Fragebogen geht es um aktuelle Streßsymptome, egal, ob sie sich auf körperlicher, emotionaler oder geistiger Ebene äußern.

Der zweite Fragebogen befaßt sich mit Lebenskrisen, die auch einen erheblichen Streßfaktor darstellen können.

Erzielen Sie in einem oder gar beiden Fragebogen alarmierende Werte, sollten Sie umgehend etwas gegen den Streß in Ihrem Leben unternehmen. Aber auch wenn die Symptome und Belastungen noch nicht so ausgeprägt sind, ist es empfehlenswert, das Erlernen einer Entspannungstechnik ins Auge zu fassen, denn solange Sie vom Streß noch nicht geschädigt sind, ist Entspannung und Streßabbau viel leichter zu erlernen. Und natürlich ist es immer sinnvoller, den Anfängen zu wehren, so daß es gar nicht erst zu einer krankmachenden Überbeanspruchung kommen kann.

Das aktuelle Streßprofil

Streßsymptome sind so vielfältig und individuell verschieden wie Streßreize. Aber ein paar Anhaltspunkte, die anzeigen, daß der Körper anfängt, auf die Streßbelastung mit Leistungsabfall und eventuell auch mit Krankheiten zu reagieren, gibt es schon. Der Fragebogen auf Seite 34ff. soll Ihnen eine Hilfe sein, Ihre ganz persönlichen Streßsymptome kennenzulernen und Ihnen über das Ausmaß der Belastung Aufschluß geben.

Streß äußert sich auf drei Ebenen: der körperlichen, der emotionalen (oder seelischen) und der geistigen. Für den Fragebogen wurden diese drei Ebenen zwar streng getrennt, aber in Wirklichkeit sind sie natürlich nicht unabhängig voneinander, sondern beeinflussen sich gegenseitig.

Jemandem, der tagsüber oft müde und abgespannt ist (körperliche Ebene),

wird vielleicht auch die rechte Motivation fehlen, die Dinge energisch voranzutreiben (emotionale Ebene) und infolgedessen mehr als früher unter Entscheidungsunfähigkeit leiden (geistige Ebene).
Der Fragebogen ist ganz leicht zu bearbeiten. Vergeben Sie einfach für jeden Satz, dessen Aussage auf Sie zutrifft, einen Punkt, und zählen Sie die Punkte pro Ebene zusammen. Anschließend wird der Mittelwert berechnet, indem Sie die Punktzahl aller drei Ebenen addieren und dann durch 3 teilen.
Hier ein Beispiel:
Person X hat auf der körperlichen Ebene 8 Punkte, auf der emotionalen 6 und auf der geistigen 2 Punkte erhalten. Der Mittelwert beträgt $(8+6+2):3 = \frac{16}{3} = 5{,}3$.

Als Streßprofil dargestellt, sieht dieses Ergebnis dann folgendermaßen aus:

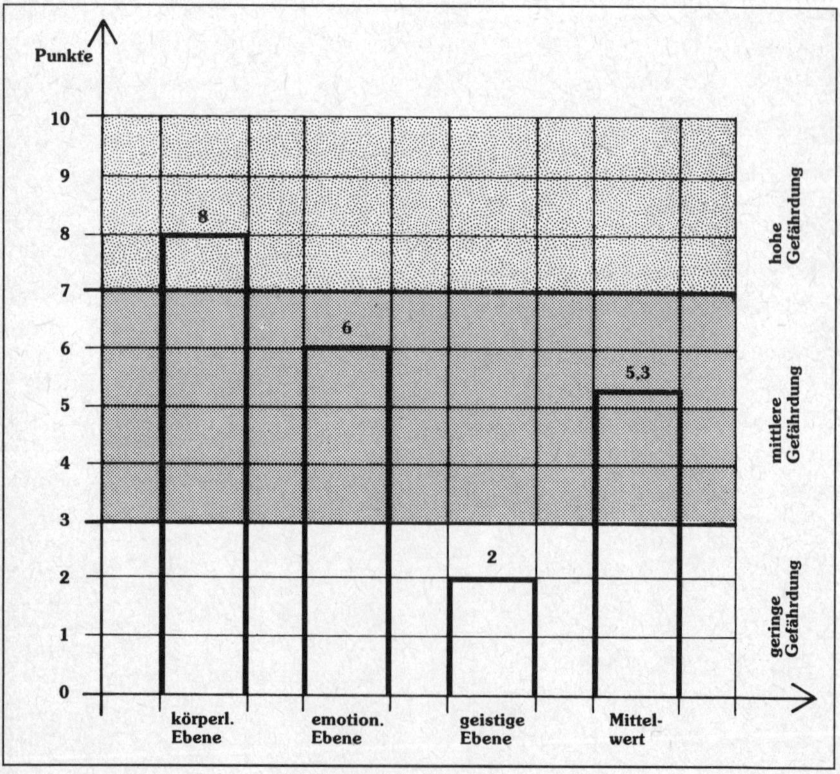

Abbildung 7: Beispielprofil für den Fragebogen zu Streßsymptomen

Das Streßprofil zeigt deutlich, daß X auf der körperlichen Ebene viele Streßsymptome zeigt und auch im emotionalen Bereich recht belastet ist. Insgesamt ergibt sich eine mittlere Gefährdung seiner Gesundheit und in diesem Fall empfiehlt es sich durchaus, nach Methoden, den Streß zu bewältigen und zu verringern, Ausschau zu halten. Ein Gang zum Arzt ist auf jeden Fall erforderlich, nicht nur, um zusammen mit ihm das weitere Vorgehen zu besprechen, sondern auch, um durch ihn klären zu lassen, ob es für die vorhandene Fehlsteuerung nicht doch eine organische Ursache gibt, die natürlich behandelt werden muß.

Ihr ganz persönliches Streßprofil, auch wenn es sich hier um einen statistisch nicht weiter abgesicherten, einfachen Fragebogen handelt, können Sie auf zweierlei Arten nutzen. Zum einen können Sie feststellen, ob und in welchen Bereichen Ihr Körper auf Streß reagiert – je nachdem, auf welcher der drei Ebenen Sie den höchsten Punktwert erreichen.

(Die Vordrucke für Ihr ganz persönliches Streßprofil finden Sie auf Seite 37 ff., weitere Hinweise zur Interpretation der Ergebnisse auf Seite 41 ff.)

Des weiteren mag es auch nützlich sein, sich die Aussagen, auf die Sie mit »trifft für mich zu« geantwortet haben, noch einmal in Ruhe anzusehen. So können Sie Anhaltspunkte dafür gewinnen, wie Ihr Körper auf Streß reagiert, denn das ist ja bei jedem verschieden. Das kann Ihnen eine große Hilfe sein, denn erst die Erkenntnis, daß es sich bei einer bestimmten Störung um ein Streßsymptom handelt, macht uns für dieses Körpersignal sensibel.

Die zweite Möglichkeit, dieses Streßprofil zu nutzen, besteht in der Kontrolle der Wirkung eines Entspannungstrainings. Bevor Sie mit dem Erlernen einer Entspannungsmethode, wie etwa dem autogenen Training, beginnen, sollten Sie Ihre Ausgangslage feststellen und im Streßprofil einzeichnen. Nach etwa vier Wochen können Sie sich die Fragen wieder stellen und anhand des zweiten Streßprofils überprüfen, ob und was sich geändert hat.

Nach weiteren drei Monaten des Praktizierens einer Entspannungsmethode sollten sich Ihre Streßsymptome insgesamt verringert haben. Wenn das nicht der Fall ist, müssen Sie unbedingt mit Ihrem Arzt sprechen.

Fragebogen zu Streßsymptomen

Für jede Aussage, deren Inhalt auf Sie zutrifft, vergeben Sie bitte einen Punkt, trifft die Aussage nicht zu, gibt es keinen Punkt.

Körperliche Ebene

		Trifft zu
1.	Ich leide unter Einschlaf- oder Durchschlafstörungen.	☐
2.	Ich bin tagsüber oft müde und abgespannt.	☐
3.	Ich habe öfter Verdauungsstörungen (Verstopfung oder Durchfall).	☐
4.	Ich bin bei nichtigen Anlässen schwindelig.	☐
5.	Ich habe öfter Herzjagen.	☐
6.	Bei nichtigen Anlässen bekomme ich Atembeschwerden.	☐
7.	Ich leide öfter unter Schweißausbrüchen.	☐
8.	Ich verspüre öfter Magendruck.	☐
9.	Ich reagiere oft mit Kopfschmerzen.	☐
10.	Mein Blutdruck ist erhöht oder erniedrigt.	☐
	1. Summe: körperliche Ebene	☐

Emotionale Ebene

		Trifft zu
1.	Ich fühle mich oft allein, verlassen oder isoliert!	☐
2.	Meine Stimmungslage ist oft deprimiert, auch ohne besondere Anlässe!	☐
3.	Am liebsten würde ich mich verkriechen!	☐
4.	Ich habe wenig Gelegenheit, meine Gefühle zu äußern oder auszuleben!	☐
5.	In letzter Zeit verliere ich öfter die Selbstkontrolle!	☐
6.	Ich fühle mich bedroht und bin ängstlicher als früher!	☐
7.	Ich bin oft plan- und ziellos!	☐
8.	Mir fehlt in letzter Zeit die Motivation, Dinge anzufassen!	☐
9.	Meine Reaktionen sind öfter unangemessen heftig!	☐
10.	Ich bin nervöser, gehemmter als früher!	☐
	2. Summe: emotionale Ebene	☐

Geistige Ebene

		Trifft zu
1.	Die Konzentration und Merkfähigkeit ist bei mir in Konfliktsituationen schlechter als früher!	☐
2.	In Beruf und Freizeit hat sich eine allgemeine Interessenlosigkeit entwickelt!	☐
3.	Meine Selbstkontrolle und Disziplin hat in letzter Zeit abgenommen!	☐
4.	Ich vergesse öfter als früher wichtige Dinge!	☐
5.	Es fällt mir schwer, neue Dinge zu lernen!	☐
6.	Ich spüre öfter Entscheidungsunfähigkeit und Gleichgültigkeit!	☐
7.	Ich habe öfter das Gefühl, nicht mehr mitreden zu können.	☐
8.	Viele Dinge beginnen mir über den Kopf zu wachsen!	☐
9.	Ich kann weniger in Ruhe und nacheinander Arbeiten erledigen als früher!	☐
10.	In Gesprächen verliere ich manchmal den roten Faden!	☐
	3. Summe: geistige Ebene	☐

Mittelwert =

1. Summe ☐ + 2. Summe ☐ + 3. Summe ☐ / 3 = ☐

Mein ganz persönliches Streßprofil

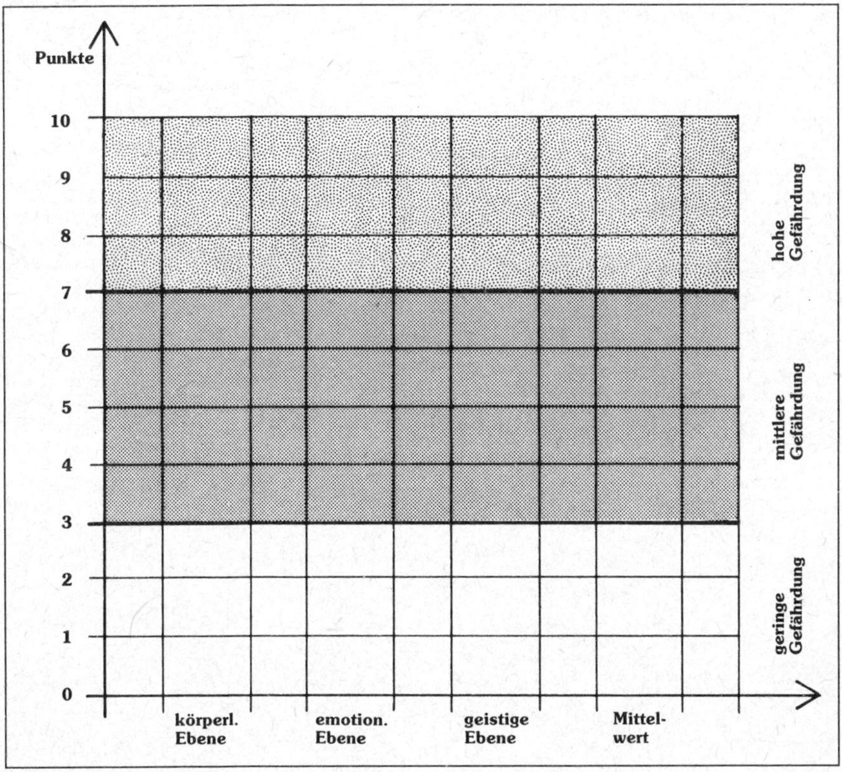

Abbildung 8: Ausgangslage

Datum: ______________

Mein ganz persönliches Streßprofil

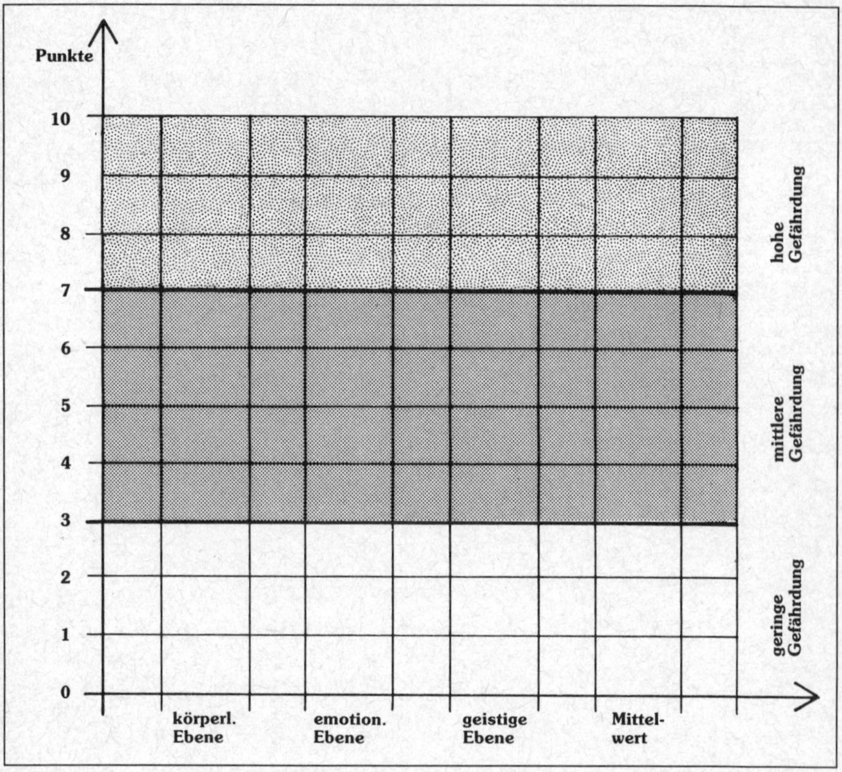

Abbildung 9: 4 Wochen nach Beginn eines Entspannungstrainings Datum: ____________

Mein ganz persönliches Streßprofil

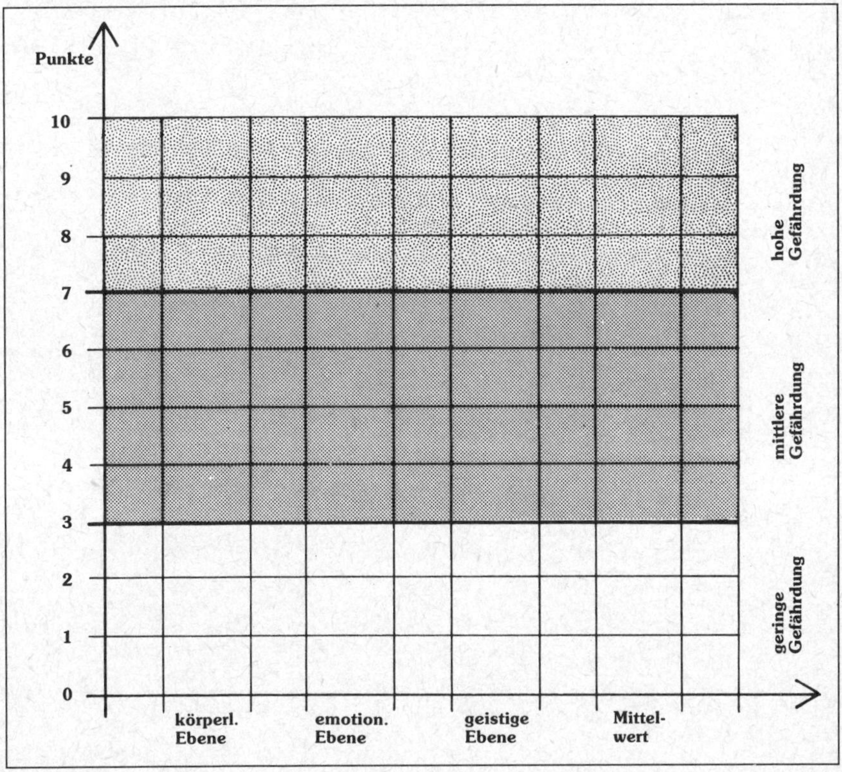

Abbildung 10: 3 Monate nach Beginn eines Entspannungstrainings Datum: ____________

Mein ganz persönliches Streßprofil

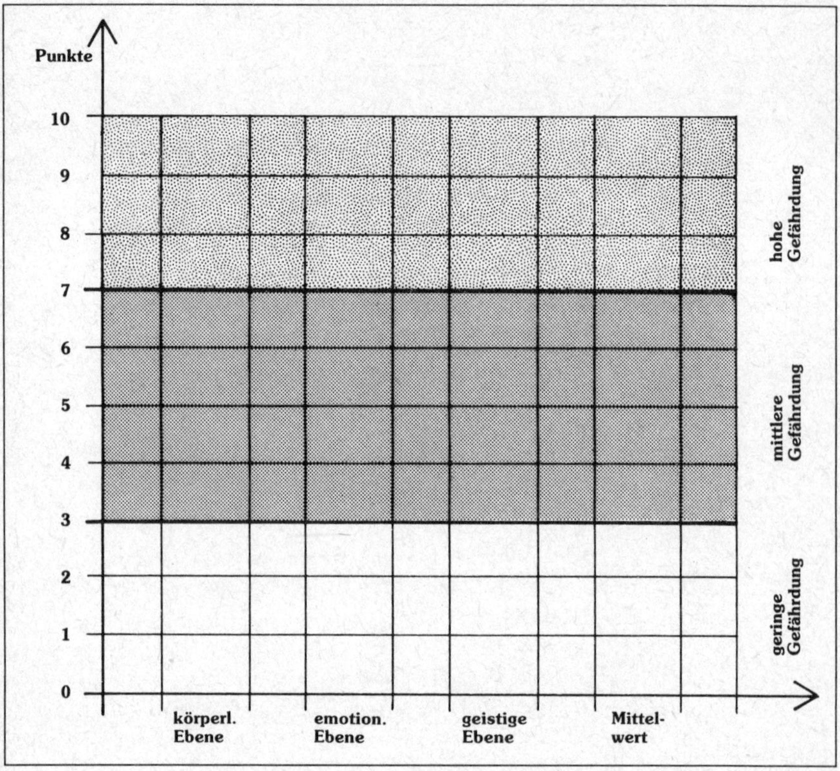

Abbildung 11: Nach 6 Monaten Entspannungstraining Datum: ____________

Interpretationshilfen zum Streßprofil

Haben Sie anhand des Fragebogens und Ihres ganz persönlichen Streßprofils festgestellt, daß Ihre Gesundheit durch Streß gefährdet oder gar stark gefährdet ist, sollten Sie ernsthaft mit sich zu Rate gehen und etwas gegen den Streß in Ihrem Leben unternehmen. Tips für geeignete Maßnahmen finden Sie in den folgenden Abschnitten.
Die dort angesprochenen Entspannungstechniken wie autogenes Training, progressive Muskelentspannung, Biofeedback, Yoga und Meditation werden im zweiten Teil des Buches erklärt.
Im Grunde handelt es sich immer um denselben Maßnahmenkatalog, der vorgeschlagen wird, aber je nachdem, in welchen Bereichen die Symptomatik am stärksten ist, sind die Schwerpunkte unterschiedlich gesetzt. Jemand, der auf Streß in erster Linie mit körperlichen Verspannungen reagiert, muß deshalb in erster Linie versuchen, seinen Körper durch Massagen und Sport zu entkrampfen. Personen, die eher mit emotionalen oder geistigen Fehlsteuerungen reagieren, sollten in erster Linie versuchen, Geist und Seele zu entspannen.

Körperliche Ebene

Wenn Sie die meisten Streßsymptome auf der körperlichen Ebene haben, stehen Ihnen folgende Methoden zur Streßbewältigung zur Verfügung:

1. Physikalische Maßnahmen, die Ihre vegetativen Funktionen verbessern, wie Massagen, regelmäßige sportliche Aktivitäten (Schwimmen, Sauna, Wechselduschen, Spaziergänge)
2. Autogenes Training (siehe Seite 51 ff.)
3. Progressive Muskelentspannung nach *Jacobson* sowie Biofeedback (siehe Seite 46 und 47 ff.)
4. Yoga (siehe Seite 49 ff.)
5. Verbesserung Ihrer Ernährungsgewohnheiten (weniger fett essen, salzärmere und vitaminreichere Kost, weniger Kaffee- und Alkoholkonsum)

Emotionale Ebene

Wenn Ihre Streßsymptome vornehmlich auf der emotionalen Ebene liegen, sollten Sie mit einer leicht geänderten Schwerpunktverteilung, aber mit denselben Verfahren arbeiten.

1. Autogenes Training (siehe Seite 51 ff.)
2. Biofeedback (siehe Seite 47 ff.)
3. Meditation (siehe Seite 49 ff.)

4. Yoga (siehe Seite 49 ff.)
5. Verbesserung Ihrer Ernährungsgewohnheiten (vitaminreichere Kost, wie Vollkorngetreide, Rohkost und fettarme Milchprodukte)
6. Physikalische Maßnahmen wie regelmäßige sportliche Aktivitäten

Geistige Ebene

Wenn Ihre Streßsymptome hauptsächlich auf geistiger Ebene liegen, könnten Sie mit dem nachfolgenden Maßnahmenkatalog größtmögliche Erfolge erzielen:

1. Autogenes Training (siehe Seite 51 ff.)
2. Meditation (siehe Seite 49 ff.)
3. Biofeedback (siehe Seite 47 ff.)
4. Konzentrationsübungen, wie wieder mal ein Gedicht auswendig lernen
5. Verbesserung Ihrer Ernährungsgewohnheiten (leichte, aber eiweißhaltige Kost, Verminderung des Kaffee- und Alkoholkonsums)

Lebenskrisen sind Streßsituationen

Immer, wenn sich in unserem Leben eine Veränderung abspielt, kommt es zu Streßreaktionen. Das ist eine ganz natürliche Anpassung des Körpers an die Anforderungen der neuen Situation, die Flexibilität und erhöhte Aufmerksamkeit erfordert.
Wenn aber zuviel dieser streßerzeugenden Situationen aufeinandertreffen, kann es auch hier, wie immer, wenn der Distreß zu groß wird, zu streßbedingten Fehlsteuerungen und eventuell auch zu psychosomatischen Erkrankungen kommen. Die beiden Streßforscher *Holmes* und *Rahe* haben das Verhalten in solchen Krisensituationen des Lebens jahrelang untersucht und eine Rangliste der Belastung, die von den verschiedenen Situationen ausgeht, erstellt.
Diese sogenannte »Life-event«-Forschung hat zu der Entwicklung des folgenden Fragebogens geführt, durch den man Aufschluß über sein persönliches Streßniveau des letzten Jahres gewinnen kann.
Gehen Sie alle Fragen nacheinander durch, und beantworten Sie sie jeweils mit einem »Trifft auf mich zu« oder »Trifft auf mich nicht zu«.
Hat es in den letzten zwölf Monaten eine der Situationen in Ihrem Leben gegeben, addieren Sie die dazugehörige Punktzahl zu Ihrem Punktekonto.
Hinweise zu Interpretation der Ergebnisse finden Sie im Anschluß an den Fragebogen.

Welche Streßfaktoren birgt Ihr Leben?

Addieren Sie die Punkte für alle Situationen der letzten zwölf Monate, die auf Sie zutreffen!

Partnerschaft und Ehe

Tod eines Ehegatten	100
Scheidung	73
Trennung vom Partner	65
Eheschließung	50
Versöhnung mit dem (Ehe-) Partner	45
Sexuelle Schwierigkeiten	39
Wiederholter Streit mit dem Partner	35
Partner beginnt oder beendet Arbeitsverhältnis	26

Familie und Kinder

Tod eines Familienangehörigen	63
Krankheit eines Familienangehörigen	44
Schwangerschaft (eigene oder die des Partners)	40
Geburt eines Kindes	39
Kind verläßt das Elternhaus	29
Schwierigkeiten mit den Schwiegereltern	29
Einschulung bzw. Schulabgang eines Kindes	25
Schulwechsel eines Kindes	20
Längere Besuche von Verwandten	15

Beruf und Arbeit

Kündigung des Arbeitsverhältnisses	47
Pensionierung	45
Beruflicher Aufstieg	39
Versetzung an einen anderen Arbeitsplatz	36
Wechsel der Firma	29
Ärger mit dem Chef	23
Veränderte Arbeitszeiten	20

Finanzielle Verhältnisse

Veränderung der finanziellen Verhältnisse	38
Schulden über 25.000 DM	31
Zwangsvollstreckung	30
Kredit über 25.000 DM	17

Persönlicher Bereich

Gefängnisstrafe	63
Unfall oder schwere Krankheit	53
Tod eines guten Freundes	37
Persönliche Überbeanspruchung	28
Jegliche Veränderung der Lebensgewohnheiten	24
Neue Freizeitbeschäftigung	19
Veränderungen im gesellschaftlichen Umgang	18
Veränderte Schlafgewohnheiten	16
Neue Eßgewohnheiten (Fasten, Gewichtszunahme)	15
Kleinere Gesetzesübertretungen	10

Gesamtpunkte: ☐

Hinweise zur Interpretation

0 bis 150 Punkte:

Ihre Streßbelastung ist gerade richtig, sie liegt noch im Bereich des Eustresses. Gesundheitliche Schäden aufgrund von Streß sind bei Ihnen kaum zu befürchten.

151 bis 300 Punkte:

Wenn Sie in diesem Punktbereich liegen, gefährdet zu viel Streß schon Ihre Gesundheit. Die Wahrscheinlichkeit, daß der Streß gesundheitliche Probleme bringt, liegt in diesem Bereich bei 51%. Sie sollten unbedingt einen Arzt aufsuchen und sich über Möglichkeiten des Streßabbaus – wie etwa das autogene Training – informieren.

über 301 Punkte:

In diesem Bereich ist das Risiko einer ernsthaften Erkrankung aufgrund der hohen Belastung durch Streß 80%! Haben Sie diese Punktzahl erreicht, müssen Sie unbedingt Ihren Arzt aufsuchen, da Ihre Gesundheit vermutlich schon ernstlich angegriffen ist. Ganz wichtig ist, daß Sie eine Methode für sich finden, den übermäßigen Streß abzubauen.

Streßbewältigung durch Entspannung

Sie haben sich nun entschlossen, eine Entspannungstechnik zu erlernen, um den Streß in Ihrem Leben abzubauen. Gleichgültig, für welche der im folgenden vorgestellten Techniken Sie sich entscheiden, bedenken Sie vor Beginn des Trainings folgendes:

1. Sie sollten sich im klaren sein, daß das Erlernen einer Entspannungsmethode besonders schwierig ist, wenn Sie inmitten einer ›Krise‹ stecken. Das kann sowohl eine Erkrankung wie eine psychische Belastung sein.
Idealerweise sollte daher die Lernphase nicht in einer solchen Krisenzeit liegen. Ist diese Situation nicht zu umgehen, fordern Sie nicht zuviel von sich, sondern seien Sie darauf gefaßt, daß Sie unter Umständen etwas mehr Zeit brauchen, bis auch bei Ihnen die Entspannung einsetzt.

2. In Absprache mit Ihrem Hausarzt sollte eine körperliche Abklärung Ihrer Beschwerden vorgenommen werden. Psychosomatik bedeutet ja nicht nur die Berücksichtigung der seelischen Ursachen der Fehlfunktion, sondern auch die körperliche Mitbetreuung. Oft kann hierbei auch der langsam eintretende Erfolg der Entspannung (wie etwa Reduzierung der Blutdruckmittel) durch den Arzt gemessen werden. Ein unkontrolliertes Absetzen der Medikamente ist dagegen gefährlich. Machen Sie also Verlaufskontrollen Ihrer Körperbeschwerden! Zum Beispiel mit dem Streßprofil von Seite 37 ff.

3. Zum Erlernen jeder Methode benötigen Sie Zeit und den Willen, einfache Übungen täglich durchzuführen. Und ein Soforterfolg ist kaum möglich. Wieviele Fahrstunden werden benötigt, um den Führerschein zu bestehen? Werden die Regeln dann beherrscht, wird Autofahren ein automatischer Ablauf. Für die Lernphase zum Beispiel des autogenen Trainings müssen etwa drei Monate angesetzt werden, bis die Entspannungswirkung »automatisch« eintritt. Danach wird es Ihnen vermutlich so ergehen wie vielen: Eine positiv wirkende Gewohnheit der Selbstentspannung ist so verwurzelt, daß Sie gar nicht mehr darauf verzichten wollen. Immer wieder kann aber schon auch nach wenigen Wochen ein Erfolg bei den Lernenden gesehen werden, wie etwa die Reduzierung der Einnahme von Beruhigungs- oder Schlafmitteln, ein erholsamer Schlaf oder Abklingen psychosomatischer Störungen.

4. Wichtig für den Erfolg jeder Entspannungsmethode ist der Wille, kurze, 15 bis 25 Minuten dauernde tägliche Entspannungsphasen einzuschalten, um eine Besserung oder Behebung psychosomatischer Fehlfunktionen oder sogar Erkrankungen zu gewährleisten.
In dieser Zeit sollten Sie sich gegen äußere Reize weitgehend abschirmen, also in ein ruhiges, unbenutztes Zimmer zurückziehen können.

Progressive Muskelentspannung

Edmund Jacobson entwickelte eine Entspannungstherapie mit einem mehr physiologisch als psychologisch orientierten Ansatz. Diese sogenannte »progressive Relaxation« kennt sechs aufeinander aufbauende Übungen, durch welche der Übende lernt, sich tief zu entspannen! Der Schwerpunkt liegt dabei auf dem stufenweisen Erlernen der Muskelentspannung unserer willkürlichen Muskulatur! Dabei betonte Jacobson immer wieder, daß seine Methode keine suggestive Technik sei. Systematisches Entspannen wird durch nacheinander durchgeführtes Anspannen und einige Minuten späteres Entspannen bestimmter Muskelgruppen erreicht.
Der Übende liegt beispielsweise auf dem Boden, hat die Augen geschlossen, hebt die Hand und ballt die Faust. Während er dies tut, muß er auf das Gefühl der Spannung im ganzen Arm achten. Dann läßt er den Arm fallen und achtet

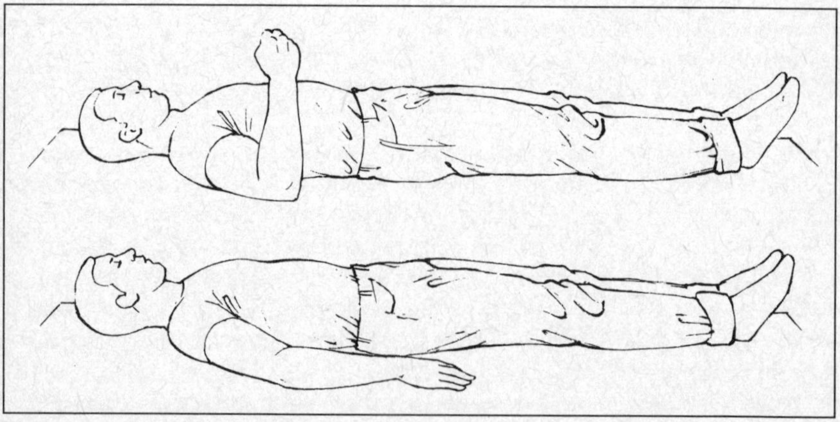

Abbildung 12: Progressive Muskelentspannung nach Jacobson. Bei dieser Technik werden bewußt einzelne Muskeln möglichst stark angespannt, um damit im Anschluß eine besonders tiefe Entspannung zu erzielen.

auf die Lockerung des Armes. Nach einigen Minuten der Ruhe wird die Übung wiederholt, wiederum mit anschließender Ruhephase!
Im zweiten Schritt werden dann die Beine systematisch entspannt, dann folgt noch Atmung, die Stirn, die Augen sowie die gesamte Muskulatur.
Ein gewisser Nachteil dieser Methode ist ihr relativ hoher Zeitbedarf. Es dauert 40 Minuten, bis alle Übungen vollständig durchgeführt sind. Die Wirkung ist jedoch durch das Ausnutzen des gegensätzlichen Erlebens von Anspannung und Entspannung sehr gut. Eine gekürzte Form der »progressiven Muskelentspannung«, einige Wochen lang geübt, kann das spätere Erlernen des autogenen Trainings erheblich erleichtern!

Biofeedback

Das Wort bedeutet übersetzt »biologische Rückmeldung«. Gemeint ist damit, daß mittels kleiner elektronischer Geräte, die beispielsweise den Puls, die Muskelanspannung oder den Hautleitwert registrieren, die jeweiligen vegetativen Körperfunktionen optisch oder akustisch rückgemeldet werden. So können zum Beispiel mit dem abgebildeten Gerät über die Elektroden, die an den Fingerinnenseiten aufgeklebt werden, die Veränderungen des Hautwiderstandes sicht- und hörbar gemacht werden, was ein Maß des jeweiligen Erregungsgrades ist. In Amerika sind solche Geräte, die den Hautleitwert zurückmelden, als »Lügendetektoren« sogar vor Gericht zugelassen. Bedacht werden muß jedoch dabei, daß immer nur Veränderungen des allgemeinen Erregungsniveaus abzulesen sind. Eine Wertung »Lüge« ist also mit Vorsicht zu interpretieren. Zurück zu der Anwendung solcher Geräte zur Eigenentspannung. Durch die Wahrnehmbarkeit von Körperfunktionen werden die Abläufe auch besser kontrollierbar. Beispielsweise kann die Rückmeldung der Atmung, ähnlich der Wirkungsweise des autogenen Trainings (siehe Seite 53ff. und 60ff.), einen tiefen Entspannungszustand fördern. So ist es also mit Hilfe dieser Geräte möglich, Körpervorgänge bewußt zu steuern.
Es ist aber nicht besonders sinnvoll, irgendeine vegetative Funktion über die Sichtbarmachung zur Entspannungsförderung zu benutzen. Es zeigte sich, daß (in der Reihenfolge der Wirksamkeit aufgezählt) der Atemrhythmus, die Muskelspannung und der Hautwiderstand sich für eine tiefe Entspannung am besten eignen.
Wie ist nun, ich setze voraus, Sie sind ein stolzer Besitzer eines kleinen Biofeedbackgerätes, diese Technik durchführbar?
Auch wenn Sie mittels Biofeed entspannen möchten, benötigen Sie tägliche Übungen, um zum Beispiel die Muskelspannung zu reduzieren und um eine

anhaltende Wirkung zu erreichen. Meine Erfahrung zeigt, daß diejenigen, die anfänglich besondere Probleme mit suggestiven oder meditativen Verfahren hatten, mit Biofeedback gut und schnell entspannen lernten. Aufgrund der elektronischen Hilfsmittel wurde auch oft eine Gesamtentspannung schneller erreicht, als mit anderen Methoden. Allerdings wurde nach etwa drei bis vier Monaten gerne auf die Biofeedbackgeräte verzichtet und autogenes Training oder Meditation weiter angewandt. Wer allerdings Zweifel an der Erlernbarkeit körperlichen Entspannung hat, wird durch Biofeedbackgeräte eine überzeugende Hilfe haben.

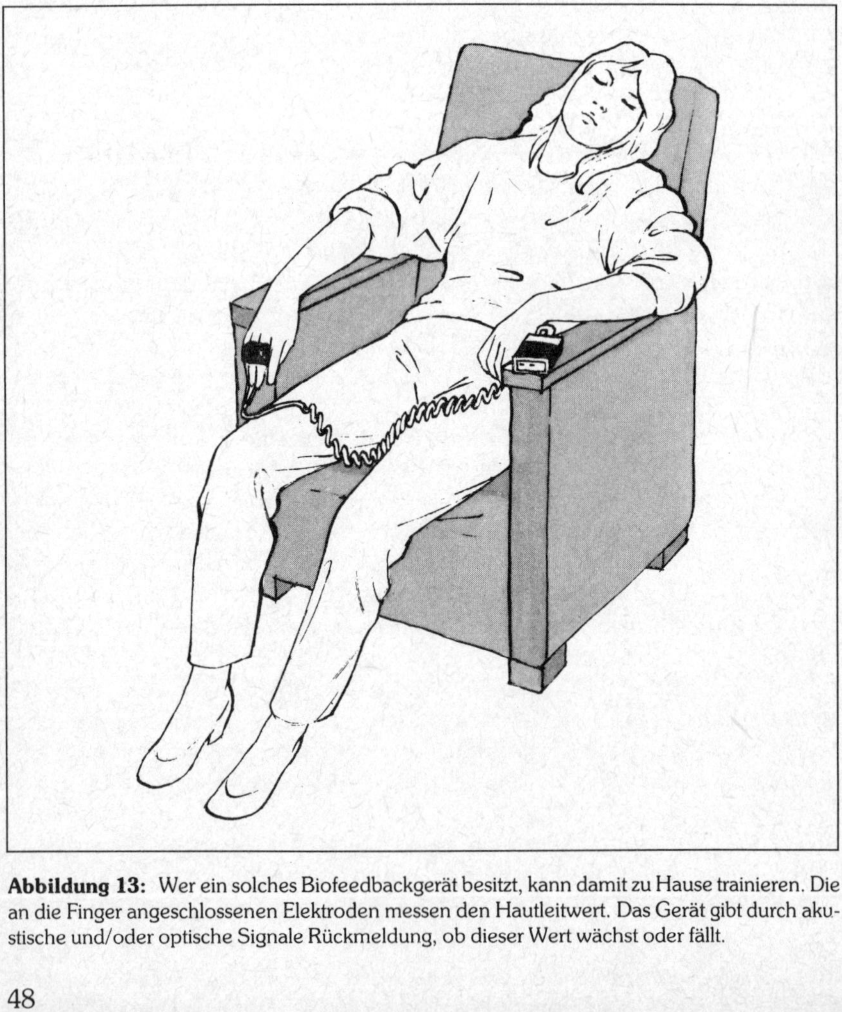

Abbildung 13: Wer ein solches Biofeedbackgerät besitzt, kann damit zu Hause trainieren. Die an die Finger angeschlossenen Elektroden messen den Hautleitwert. Das Gerät gibt durch akustische und/oder optische Signale Rückmeldung, ob dieser Wert wächst oder fällt.

Biofeedbackgeräte spiegeln den erlernbaren Entspannungszustand des Körpers wider. Dieser Spiegel kann für ungeübte Menschen eine Hilfe sein, um andere Entspannungstechniken danach einfacher zu erlernen.
Der Lernprozeß selbst läuft in zwei Schritten ab:
Im ersten Schritt erlernt der Übende anhand der Rückmeldung über das Gerät seine veränderten Funktionen zu erleben. Dadurch wird es für viele erst einmal möglich, den eigenen Entspannungszustand zu erkennen.
Danach können die meisten Übungswilligen (nach einigen Wochen des täglichen Biofeedbacks) diesen Zustand auch ohne Gerät erreichen. In dieser zweiten Phase treten dann die gleichen Phänomene auf, die auch bei meditativen Verfahren vorhanden sind: eine innere Harmonie und Gelassenheit mittels Bildvorstellungen (Wiese, Meer, Wald), ohne daß die akustische oder optische Rückmeldung der Körperfunktionen erforderlich ist. Eine Abhängigkeit von einem Gerät, wie einige Kritiker einwenden, kann bei richtigem Gebrauch nicht auftreten. Die meisten Leute werden aber nicht bei der Biofeedback-Methode »stehenbleiben«, sondern sich später anderen, apparatelosen Verfahren zuwenden.

Yoga und Meditation

Beide Techniken sind aus dem Fernen Osten zu uns gekommen und haben inzwischen auch in unseren Kulturkreis Aufnahme gefunden. Es würde allerdings den Rahmen dieses Buches sprengen, die kulturellen und philosophischen Hintergründe dieser fernöstlichen Versenkungstechniken zu erklären. Wer sich für diese Formen der Selbstentspannung entscheiden möchte, sollte sich durch die entsprechende Fachliteratur oder – noch besser – durch einen Lehrer einweisen lassen.
Gemeinsam ist beiden Techniken, daß das Ziel eine konzentrative Versenkung in sich selbst ist, die zu einer inneren Harmonie und Gelassenheit führt. Und ist die Seele entspannt, entspannt sich auch der Körper und umgekehrt.
Yoga geht dabei eher den Weg von außen nach innen. Durch die Ausführung bestimmter Übungen, die eine jahrtausendealte Tradition haben, werden Verkrampfungen gelöst und so die innere Versenkung ermöglicht.
Unter »Meditation« versteht man in erster Linie eine stille, tiefe Versenkung in sich selbst, wenn auch die Wege dahin inzwischen recht vielfältig sind, da eine Reihe von Meditationstechniken in Weiterentwicklung der traditionellen entstanden sind, die speziell auf die Bedürfnisse des westlichen Menschen zugeschnitten sind.

Abbildung 14: Yogaübungen haben sich als ein Weg zur Entspannung auch bei uns »Westlern« bewährt. Die dargestellte Übung, Baum genannt, stärkt das Gleichgewichtsgefühl, kräftigt die Beine und schenkt innere Ruhe.

Die bekannteste ist wohl die transzendentale Meditation (TM). Zur Technik der transzendentalen Meditation gehört die Wiederholung eines sogenannten Mantras, das ist eine Lautkombination. Der Übende setzt sich jeden Tag 15–20 Minuten in einer »bequemen« Haltung (die klassische ist der Lotossitz) in eine ruhige Ecke, konzentriert sich auf seine Atmung und wiederholt im Geist ständig sein Mantra.
Inzwischen ist die streßreduzierende Wirkung von regelmäßigen Yoga- oder Meditationsübungen auch wissenschaftlich bewiesen worden.

Abbildung 15: Traditionellerweise wird zur Meditation der hier abgebildete Lotossitz eingenommen. Wem diese Haltung zu schwierig oder zu unbequem ist, kann aber auch ohne weiteres in einer anderen Haltung meditieren.

Beiden Methoden gemeinsam ist, daß sie nicht gezielt einzelne vegetative Funktionen beeinflussen, wie das zum Beispiel beim Biofeedback der Fall ist, sondern unspezifisch auf alle Systeme einwirken, was aber in der Konsequenz genauso zu einer heilsamen Tiefenentspannung führt.
Beide Techniken erfordern zudem einen recht langwierigen Lernprozeß und die innere Bereitschaft, sich auch mit den religionsphilosophischen Hintergründen auseinanderzusetzen und sind somit nicht jedermanns Sache.
Wer sich aber von diesen Methoden angesprochen fühlt, dem kann Yoga und Meditation nur empfohlen werden.

Autogenes Training

Da diese Entspannungsmethode im nächsten Kapitel ausführlich dargestellt wird, soll sie an dieser Stelle nur kurz erwähnt werden.
Diese Technik hat mit den anderen Entspannungsverfahren gemeinsam, daß über die körperliche Entspannung das vegetative Nervensystem zum Umschalten gebracht wird, so daß streßbedingte Fehlsteuerungen allmählich

verschwinden. Nach einer etwa dreimonatigen Lernphase sind die meisten Menschen in der Lage, sich mit Hilfe des autogenen Trainings schnell und wirksam zu entspannen.
Das autogene Training kann, im Gegensatz zu den meisten anderen Verfahren, ohne weiteres in Eigenregie erlernt werden. Die wichtigste Voraussetzung dabei ist das regelmäßige tägliche Üben.
Aber obwohl nichts dagegen spricht, sich die Technik des autogenen Trainings selbst beizubringen (eine genaue Anleitung dazu finden Sie im nächsten Kapitel), fällt es den meisten Menschen leichter, in einer Gruppe zu lernen. Dort gibt es nicht nur die Möglichkeit zu Rückfragen, sondern der Erfahrungsaustausch mit anderen Gruppenmitgliedern fördert auch den Lernprozeß.
Autogenes Training kann jederzeit und überall praktiziert werden, denn es sind keine Apparate oder andere Hilfsmittel erforderlich. Zumindest für die Lernphase sollten Sie aber darauf achten, daß Ihnen ein ruhiger Raum zur Verfügung steht, in dem Sie nicht gestört werden.
Die Entspannung selbst geschieht mit Hilfe von formelhaften Sätzen, die sich der Übende im Geist vorsagt und die helfen, den Körper allmählich schwer, warm und entspannt werden zu lassen.
Das autogene Training ist eine einfache, von fast jedem erlernbare Form der Selbstentspannung, die sich in den letzten Jahren immer mehr durchgesetzt hat, weil sie auf der einen Seite hochwirksam und auf der anderen medizinisch fundiert ist.
Diese Methode hat inzwischen auch Einzug in den Sport gefunden, wo sie den Sportlern hilft, sich optimal auf den Wettkampf einzustimmen. Auch die Astronauten im Weltraum entspannen mit Hilfe des autogenen Trainings und viele Politiker nutzen die Sitzungspausen für dieses Entspannungstraining.
Von allen hier vorgestellten Entspannungsverfahren ist das autogene Training nach meiner Erfahrung am besten als Einstieg in jede Entspannungstechnik geeignet, da es leicht und relativ schnell zu lernen ist und die Basis für alle anderen Techniken darstellt.

Die Praxis des autogenen Trainings

Wenn Sie sich durch das bisher Gelesene darüber klargeworden sind, daß eine Entspannungsmethode zur Stabilisierung des seelisch-körperlichen Gleichgewichtes Erfolge im Kampf gegen die Auswirkungen des Distreß hat, so haben Sie auch verstehen gelernt, daß es ja keinesfalls nötig ist, krank zu sein, um Selbstentspannung zu erlernen und zu praktizieren. Es ist geradezu vorteilhaft, in einer Phase der Ausgeglichenheit zu lernen, sich bewußt zu entspannen, um einer Erschöpfungsphase der Organismus vorzubeugen. Aber auch schon vorhandene Verspannungen, die sich in vegetativen Störungen zeigen, können durch autogenes Training in den Griff bekommen werden.

Wenden wir uns nun dem autogenen Training zu, so können Sie davon ausgehen, daß es sich hierbei um ein gut erforschtes, in Eigenregie leicht erlernbares und jederzeit einsetzbares Verfahren handelt.

Zur Geschichte dieser Entspannungstechnik

Schon zu Anfang unseres Jahrhunderts machte sich der Berliner Psychiater und Neurologe *Prof. Dr. Johannes Heinrich Schultz* Gedanken über die Selbstregulierung des Körpers durch konzentrative Übungen. Er hat damals das autogene (das bedeutet: aus sich selbst entstehend, nicht von außen eingebracht) Training als eine Entspannungsmethode und ein psychotherapeutisches Heilverfahren entwickelt, das in unserer heutigen Zeit zu einer der wichtigsten Methoden der Selbstentspannung geworden ist. Auf autosuggestivem Wege (also innerlich durch sich selbst abrufbar) werden dabei stufenweise sechs nacheinander zu lernende Konzentrationsübungen durchgeführt. Hierdurch werden die sonst nicht willkürlich beeinflußbaren Körperfunktionen, wie Muskelanspannung, Körperwärmeempfindung usw., verändert. Das führt allmählich zu einer Herabsetzung des vegetativen Erregungsniveaus und damit zu einem Ausgleich von Spannungszuständen, einer Linderung oder Beseitigung von Schmerzen oder Schlafstörungen.

Wer gelernt hat, sich zu entspannen und das Erlernte auch durch tägliche Übungen lebendig hält, erlebt nach einer etwa dreimonatigen Lernphase ganz »automatisch« die tiefe Entspannung. Obwohl das autogene Training keinesfalls mit Selbsthypnose gleichgesetzt werden kann, hat *Schultz* das Training damals aus seiner Erfahrung und der Beschäftigung mit der Hypnose entwickelt. Er hat das autogene Training dabei jedoch als alternative Methode zu der medizinischen Hypnose gesehen, da er richtigerweise annahm, daß sich jeder Mensch selbst durch *Autosuggestion* in einen tiefen Entspannungszustand versetzen kann, ohne auf Hilfe von außen angewiesen zu sein. Diese Selbstbeeinflussung soll durch ein einfaches Beispiel, das jeder von uns kennt, verdeutlicht werden.
Denken wir beispielsweise intensiv an unsere Lieblingsmahlzeit und stellen sie uns mit geschlossenen Augen auch noch bildhaft vor und suggerieren uns, daß wir vor dieser ersehnten Mahlzeit sitzen, dann werden durch diese Vorstellung bestimmte Körperfunktionen verändert. Am auffälligsten ist, daß uns wahrscheinlich sprichwörtlich »das Wasser im Munde zusammenlaufen« wird. Ein einfaches Beispiel, das Ihnen zeigt, wie eng unsere intensiven Vorstellungen (geistig-seelische Ebene) mit vegetativen Körpervorgängen (Körperebene) gekoppelt sind.
Die Möglichkeit der geistigen Selbststeuerung und der psychosomatischen Wechselwirkung nannte *Schultz* »Versenkung in einen hypnoiden Zustand«. Er definierte das Training wie folgt:
»Die konzentrative Selbstentspannung des autogenen Trainings hat also den Sinn, sich mit genau vorgeschriebenen Übungen immer mehr innerlich zu lösen, zu versenken, und so für den ganzen Organismus eine von innen kommende Umschaltung zu erreichen, die es erlaubt, Gesundes zu stärken, Ungesundes zu mindern oder abzustellen.«
Schultz verlangte als äußere Voraussetzung zur Einübung der Selbstregulierung durch das autogene Training, daß man etwa dreimal täglich für ungefähr 20 Minuten die Möglichkeit haben sollte, sich zurückzuziehen, um dann allein und ungestört die Übungen durchzuführen.

Geeignete Körperhaltungen

Das autogene Training besteht im Wesentlichen aus konzentrativen Übungen, die eine positive Wirkung auf das vegetative Nervensystem haben. Für die Durchführung der Übungen gibt es zwei besonders empfehlenswerte Körperhaltungen:

1. Die Übungshaltung im Liegen und

2. die »Droschkenkutscherhaltung« im Sitzen.

Da es aber wichtig ist, daß die Übungen in möglichst bequemer Haltung durchgeführt werden, ist grundsätzlich auch jede andere, subjektiv angenehme Haltung richtig. Sie werden schnell spüren, ob ein Kissen unter den Kniekehlen oder auch eine Nackenrolle eine bequemere Ausgangslage für Sie darstellt.
Am einfachsten ist es, das autogene Training im Liegen zu üben, wobei jedoch nicht etwa Ihre typische Schlafhaltung eingenommen werden soll,

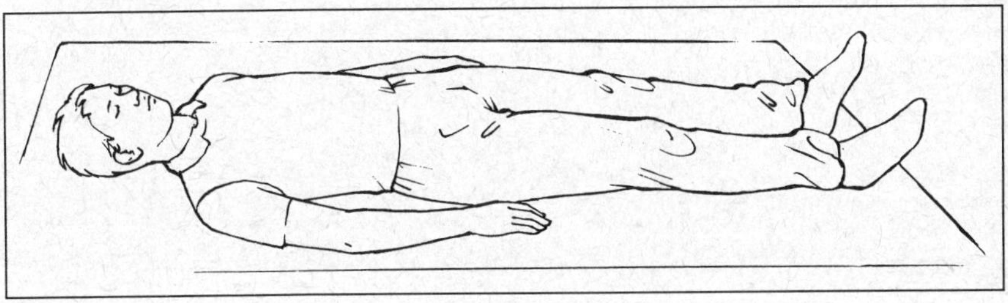

Abbildung 16: Die gebräuchlichste Haltung für das autogene Training ist das Liegen. Am besten geht das auf einer bequemen Unterlage. Wer möchte, kann sich auch ein Kissen unter den Kopf legen.

denn das würde die Konzentration nur ablenken. Die Arme liegen während der tiefen Entspannung neben dem Körper, Handflächen nach unten. Die Fußspitzen sollen locker nach außen fallen.
Die zweite bewährte Möglichkeit ist ein bequemes Sitzen. Der Name ›Droschkenkutscherhaltung‹ ist sicher aus der Entstehungszeit des autogenen Trainings abzuleiten. Ein müder Droschkenkutscher nahm fast automatisch eine körperlich vorentspannte Haltung ein. In der Droschkenkutscherhaltung liegen die Unterarme auf den Oberschenkeln; die Hände fallen nach innen. Der Kopf und die Schultern sollen dann locker nach vorne sacken. Mit dem nach vorne gebeugten Kopf und gebeugtem Rücken sollte die Körperhaltung so stabil eingenommen werden, daß man weder nach vorn noch nach hinten abrutscht. Da die Beine einen etwa rechten Winkel zum Boden einnehmen, ist diese Haltung recht stabil, wenn der Schwerpunkt – auf den Armen liegend – auf den Oberschenkeln ruht. Sie brauchen als Übender also keine Rückenlehne und können nahezu auf jeder Sitzunterlage trainieren.
Für diejenigen unter Ihnen, die unter Nackenverspannungen oder Halswirbelsäulensyndromen leiden, ist diese Art der Sitzhaltung allerdings nicht vor-

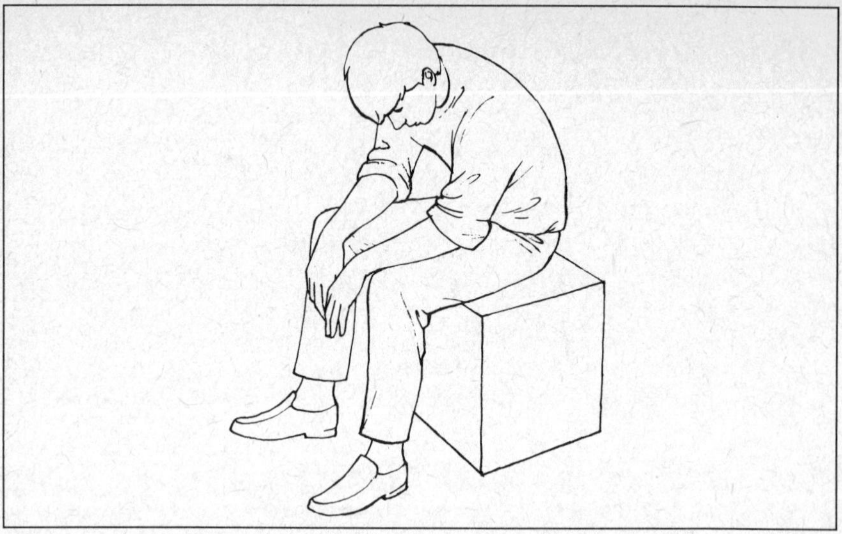

Abbildung 17: Diese sogenannte »Droschkenkutscherhaltung« kann man überall einnehmen, denn man braucht nichts weiter als einen Stuhl oder Hocker. Wichtig ist nur, daß man mit den Füßen bequem die Erde erreichen kann.

Abbildung 18: Die passive Sitzhaltung ist besonders für diejenigen geeignet, die unter Verspannungen im Schulterbereich oder Rückenproblemen leiden.

teilhaft. In diesem Fall sollte eine andere, die passive Sitzhaltung, eingenommen werden. Vielleicht benutzen Sie einen bequemen Sessel, bei dem Sie den Kopf hinten anlegen können. Der Körperschwerpunkt wird dabei nach hinten verlagert.
Ganz allgemein ist aber eigentlich jede für Sie angenehme Körperhaltung richtig, bei der möglichst viele Muskelgruppen vorentspannt, also schon etwas gelockert sind.

Leitfaden zur Durchführung des autogenen Trainings

Bevor wir nun zu den einzelnen Übungen des autogenen Trainings im Detail kommen, noch einige wichtige Grundsätze zum Ablauf der täglich notwendigen Entspannungsübungen. In dem nachfolgenden Leitfaden können Sie also immer wieder einmal nachschauen, um in Kurzform die wichtigsten Grundsätze parat zu haben.

1. Die Übungen des autogenen Trainings sollen täglich ein- bis zweimal durchgeführt werden. Falls möglich, nutzen Sie die Mittagspause für eine etwa 20minütige Entspannung; eine weitere Übungsphase sollte nach der Arbeit oder vor dem Einschlafen eingelegt werden.

2. Den genauen Zeitbedarf für Ihr autogenes Training sollten Sie selbst erproben. Die meisten Menschen benötigen etwa 20 Minuten.

3. Die Übungen sollen alleine und in ruhiger Umgebung durchgeführt werden. Störungen können durch Abstellen der Haustürklingel, des Telefons und durch Abdunkeln des Raumes verhindert werden. Sagen Sie auch Ihrer Familie Bescheid, daß Sie jetzt 20 Minuten Ruhe brauchen.

4. Sie benötigen keine »Trainingskleidung«, müssen jedoch darauf achten, daß beengende Bekleidung gelockert und enges Schuhwerk geöffnet oder ausgezogen wird. Die Kleidung sollte nicht zu warm, aber auch nicht zu luftig sein, damit Sie nicht frieren.

5. Probieren Sie neben den klassischen Körperhaltungen ruhig eigene, entspannende Körperhaltungen aus. Der »Großvater-Ohrensessel« oder ähnliche Möbelstücke sind sicher auch bequeme Sitzmöglichkeiten.

6. Lassen Sie sich Zeit für eine ein- bis zweiminütige Einstimmungsphase, in der Sie Ihre Körperhaltung optimieren können und die vorhandenen störenden Gedanken durch eine »geistige Tür« hinausschicken. Erst danach schließen Sie die Augen und gehen gedanklich die einzelnen Übungen nacheinander durch.

7. Jede einzelne Übung sollte etwa drei bis vier Minuten in Anspruch nehmen. Das bedeutet also auch, daß Sie in der ersten Zeit nur einige Minuten üben, und erst bei allen sechs Übungen volle 20 Minuten benötigen.
Wenn Sie dann die Augen geschlossen haben, lassen Sie die »Übungsformeln« mehrmals hintereinander in Gedanken ablaufen. Wenn Sie anfangen, eine körperliche Veränderung zu spüren, gehen Sie zur nächsten Übung, indem Sie auch diese Formel mehrfach wiederholen usw. Bleiben Sie jeweils solange bei einer Übung, bis sich das betreffende Gefühl der Entspannung ausgebreitet und stabilisiert hat.

8. Steigern Sie allmählich die Zahl der hintereinander durchgeführten Übungen. Üben Sie zuerst die erste Lektion so lange, bis sie funktioniert, dann kann die nächste Übung im Anschluß an die bereits funktionierende hinzugenommen werden. Vergegenwärtigen Sie sich noch einmal: Jeder, der den Willen aufbringt, regelmäßig täglich zu üben, wird nach einigen Wochen Erfolg haben. Aber es ist wichtig, die Lernphase von der Anwendungsphase zu trennen, auch wenn der Übergang fließend ist. Wer nach einer Woche regelmäßigen Übens bemängelt, er spüre noch keinen Erfolg, der hat nicht verstanden, daß er in einem Lernprozeß steckt, für den etwa zwei bis drei Monate gerechnet werden müssen. Ein Olympiasportler trainiert ja auch nicht nur eine Woche, um Bestleistungen zu erbringen und beizubehalten. Geben Sie Ihrem Körper also auch ein klein wenig Zeit, sich auf das Entspannungsgefühl umzustellen. Der Wunsch nach einem »Soforterfolg« kann durch das autogene Training nicht erfüllt werden. Es ist kein »Wunder«, an das man glauben, sondern eine medizinisch fundierte Selbstentspannung, die erlernt und geübt werden muß.

9. In dieser Lernphase sind Sie am besten in einer Gruppe aufgehoben, die sich wöchentlich einmal trifft, um gemeinsam zu üben und die gemachten Erfahrungen auszutauschen. Das ist zwar keine Bedingung für das Erlernen des autogenen Trainings, aber nach meiner Erfahrung für viele Leute sehr hilfreich.

10. Auch wenn Sie bereits bei der dritten oder vierten Übung sind, kann das Gefühl der Schwere und Wärme aus den ersten beiden Übungen bestehen-

bleiben und Ihnen bewußt werden. Verharren Sie dann ruhig ein wenig bei dem angenehmen Gefühl, um sich erst dann wieder auf die weiteren Übungen zu konzentrieren. Sie müssen nicht zwanghaft alle Übungen durchgehen. Wenn Sie sich beispielsweise nach der dritten Übung schon völlig entspannt fühlen, genießen Sie es eine Weile und verzichten für diesmal auf Übung vier bis sechs.

11. Es macht nichts, wenn die einzelnen Übungen nicht immer alle gleich gut funktionieren. Die wohltuende Gesamtentspannung ist entscheidend.

12. Die Reihenfolge der Übungen sollte anfänglich, zumindest in den ersten Wochen, eingehalten werden. Danach stellen sich dann oft Schwere und Wärme oder auch andere Phänomene gemeinsam ein. Wichtig ist also nicht das zwanghafte Abspulen einer vorgegebenen Übungsreihenfolge, sondern das Ergebnis: die tiefe Entspannung. Wenn Sie also zum Beispiel mit der Atemübung den besten Einstieg in das tiefe Entspannungsgefühl finden, kann die Reihenfolge der Übungen auch dahingehend geändert werden.

13. Am Ende jeder Entspannung, gleichgültig, ob Sie anfangs nur einige Minuten entspannen oder später länger, steht die »Rücknahme« durch kräftiges Anspannen der Hände und Arme beziehungsweise Recken und Strecken mit tiefem Luftholen und erst dann die Augen öffnen.

Beginn der Übungen

Die Augen werden während der Entspannungsübungen üblicherweise geschlossen. Machen Sie jedoch kein übertriebenes Ritual daraus, denn entscheidend ist ja, daß das autogene Training eine »passive« Selbstentspannung darstellt, und sich in eine bestimmte Haltung »hineinzuzwingen«, widerspräche dem Anspruch, ein passives Sichfallenlassen zu praktizieren.
Zu Beginn der Entspannung erfolgt stets eine »Ruheeinstellung«, in der dem Organismus für ein bis zwei Minuten eine Umstellung von *Anspannung* auf *Entspannung* ermöglicht wird. So könnten Sie durchaus, wenn Sie gerade am Schreibtisch sitzen, zur Einstimmung Ihren Kopf auf die Arme legen oder auch kurze Gymnastikübungen durchführen, um das danach folgende Abschalten zu erleichtern. Danach sagen Sie sich im Geist langsam und ruhig vor:

»Ich bin ganz ruhig und entspannt.«

oder auch:

»Ich bin ganz ruhig und gelassen.«

Auch wenn Sie das anfangs ja noch gar nicht sind, wiederholen Sie innerlich ruhig ein paar Mal diese Hilfsformel. Es gelingt natürlich auch nicht von Anfang an, sofort alle Gedanken, die kurz vorher noch durch unseren Kopf gingen, abzuschalten. Demnach ist es auch ganz normal, daß in den ersten Übungsphasen der Selbstentspannung unsere Gedanken immer wieder abschweifen. Wenn Sie dieses bemerken, gehen Sie einfach wieder zurück zu der konzentrativen Entspannungsübung, bei der Sie vorher gerade waren. *Schultz* hatte damals die Einstimmung auf die entspannte Selbstversenkung sowie das allmähliche Abschalten als »Ruhetönung« bezeichnet. Beachten Sie also immer, daß anfängliche Schwierigkeiten, die mir immer wieder berichtet werden, wie: »... meine Gedanken sind noch so ganz bei der Sache ...«, kein großes Problem darstellen. Nach einigen Wochen des täglichen Übens wird jeder, der das autogene Training ernsthaft übt, spüren, wie sich nach und nach die Entspannung ganz automatisch (also autogen) einstellt. Lassen Sie sich anfangs ruhig Zeit, diese Ruhetönung zu erreichen, und fangen Sie mit der ersten Übung erst an, wenn Sie einigermaßen ruhig sind.

Beenden der Übungen

Jede Entspannungsphase, die ungefähr 15–20 Minuten dauert, wird mit der sogenannten »Rücknahme« beendet. Diese Zurücknahme ist deshalb erforderlich, weil der durch das autogene Training erzeugte Entspannungszustand im Organismus einen dem Schlaf ähnelnden Zustand erzeugt. Erst durch die Rücknahme wird wieder die Bewußtseinslage des erfrischten Wachzustandes erreicht. Die meisten Menschen recken und strecken sich auch erst einmal, wenn sie aus dem Schlaf erwachen. (Ausnahme: Wenn das autogene Training zum Einschlafen benutzt wird, soll nicht zurückgenommen werden.) Wenn Sie also beispielsweise bei anstrengenden Autofahrten zur schnelleren Erholung autogen trainieren, steht am Schluß der Übungen jeweils die Zurücknahme. Die Rücknahme erfolgt folgendermaßen:

1. Hände zur Faust ballen, die Arme für einige Sekunden fest anspannen.

2. Dann einmal tief Luft holen. Danach können Sie die Augen wieder öffnen. Das angenehme Entspannungsgefühl noch etwas nachwirken lassen.

Diese Rücknahme ist vor allem bei Menschen wichtig, die einen niedrigen Blutdruck haben. Oft wird mir in Gruppen über kurzzeitig auftretenden Schwindel berichtet. Diese kleine, harmlose Nebenwirkung tritt immer dann auf, wenn nicht kräftig genug zurückgenommen wurde und der Blutdruck etwas niedriger bleibt. Gerade ein kurzes aber kräftiges Anspannen der Armmuskulatur kann dieses zuverlässig verhindern. Eine Hilfsformel könnte sein:

»Arme fest, tief Luft holen, Augen öffnen!«

Übung 1: Schwere

Jeder von uns kennt das Gefühl von müden und schweren Beinen, beispielsweise nach anstrengenden Wanderungen. Immer dann, wenn unsere Muskulatur besonders gefordert wurde, brauchen die Muskeln eine Erholungsphase. Die jeweilig beanspruchten Muskelgruppen empfinden wir dann oft als »schwer«. In Wirklichkeit nimmt bei der Erholungsphase der Muskeln die Muskelanspannung ab, und dieses »Schlaffwerden« vermittelt uns ein Gefühl der Schwere, welches uns von den Nervenenden in den Muskeln zum Gehirn übermittelt wird.
In dieser ersten Übung wird also der natürliche Vorgang, daß sich entspannte Muskeln »schwer« anfühlen, genutzt, damit wir uns bei der Konzentration auf das Schweregefühl noch tiefer entspannen können. Allein die Vorstellung bewirkt hierbei eine merkbare Herabsetzung der Muskelspannung. Wir können uns jedoch nicht auf alle Muskelgruppen des Körpers gleich gut konzentrieren. Besonders viele Informationen über den Zustand der Muskelspannung erhalten wir von unseren Nerven in der Arm- und Beinmuskulatur sowie über die Schultermuskulatur. Deshalb fangen wir mit den Armen und Beinen an und sagen uns die Formel:

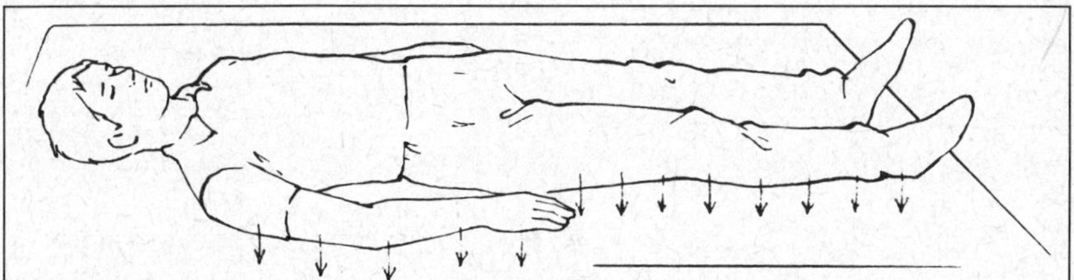

Abbildung 19: Stellen Sie sich vor, daß Ihre Arme und Beine so schwer werden, daß sie immer tiefer in die Unterlage einsinken.

»Meine Arme und Beine sind ganz schwer!«

langsam im Geiste vor.

Genauso wie die Muskeln bei Anspannung unserer Willkür zugänglich sind, lernen wir nun durch die erste Übung die Muskelspannung willkürlich herabzusetzen. Da das angenehme Gefühl der Schwere eine wohltuende Schläfrigkeit hervorruft, wird die Übung auch gerne als Einschlafhilfe genutzt. Viele autogen Trainierte, die ihre Übungen abends im Bett durchführen, schlafen dann bereits bei dieser ersten Konzentration ein.
Nach dem Schließen der Augen und der mehrmaligen Einstimmung durch die Ruhetönung *»Ich bin ganz ruhig und entspannt«*, gehen wir also mit den Gedanken zur ersten Übung über mit der Formel: *»Meine Arme und Beine sind ganz schwer!«* Denken Sie stets daran, daß durch autogenes Training nichts erzwungen werden soll. Es wird etwa eine oder zwei Wochen dauern, bis sich die Muskulatur wirklich spürbar entspannt, aber es passiert ganz sicher! Nur *ohne* ein zwanghaftes »Ich *muß* jetzt aber entspannen« werden Sie nach einiger Zeit stetigen Übens das angenehme Schwere- und Entspannungsgefühl empfinden. Die Schwere in den Armen und Beinen breitet sich auch ganz automatisch auf andere Muskelgruppen aus, so daß allmählich der ganze Körper wohltuend entspannt und gelockert wird.
Maßgeblich ist von der ersten Übung an unsere innere Einstellung zur Erreichung des Zieles Entspannung. Passive Konzentration bedeutet dabei, eine gelassene Einstellung zum gewünschten Ziel zu haben. Um ein passives »Fallenlassen in die Entspannung« zu fördern, sollen die Hilfsformeln immer in der Gegenwartsform benutzt werden: Ich *bin* ganz ruhig und entspannt; Arme und Beine *sind* ganz schwer.«
Einerseits hat diese Formulierung eine höhere suggestive Wirkung, zum anderen werden damit auch eigene Kontrollfragen weitgehend vermieden, die eine passive Entspannungsentwicklung auf den ganzen Körper behindern würden: »Werden meine Arme und Beine denn nun schwer? Wann sind denn jetzt meine Muskeln schwer genug?« Die objektive Schwere der Muskeln ist nämlich nicht wichtig, sondern das Empfinden des sich einstellenden allgemeinen Entspannungsgefühles!
Während der ersten Tage des Übens, bevor die Entspannung also automatisch funktioniert, erleben viele Übende, daß ihre Arme und Beine nicht gleichzeitig schwer werden, sondern zum Beispiel erst nur eine Hand oder ein Arm und später die anderen Muskeln. Diesen Phänomenen sollte keine große Aufmerksamkeit geschenkt werden, da sie immer nur vorübergehend auftreten. Wer die erste Übung lieber in kleine Schritte teilen möchte, um we-

niger mit seinen Gedanken abschweifen zu können, kann die Übung auch so gestalten, daß er zuerst mit einem Arm beginnt mit:

»Mein rechter Arm ist ganz schwer!«;

dann nach einigen Minuten:

»Beide Arme sind ganz schwer!«;

und dann weiter mit:

»Meine Arme und Beine sind ganz schwer!«

Rechtshänder sollten mit ihrem rechten Arm beginnen, da sie hier schneller ein angenehmes Gefühl empfinden, bei Linkshändern trifft das auf den linken Arm zu. Dieses Vorgehen stellt eine kleine Hilfestellung für diejenigen unter uns dar, die ihre übrigen Gedanken schlecht abschalten können. Auch während der Schwereempfindung sollten Sie die Formel: *»Ich bin ganz ruhig und entspannt«* einfließen lassen. Diese Formeln stellen dabei nur eine Anregung dar. Auch eigene Entspannungsformeln können benutzt werden. Nur sollten diese immer gleich bleiben und nicht ständig gewechselt werden, um die Wirkung schneller »automatisch abrufbar« zu machen. Erinnern Sie sich an Ihre Schulzeit: Immer wiederkehrende Sätze lernte man quasi automatisch, und viele sind einem bis heute im Gedächtnis geblieben.

Übung 2: Wärme

Bereits bei der Schwereübung und der daraus resultierenden Muskelentspannung kommt es erfahrungsgemäß bei vielen Übenden zu ›Kribbelgefühlen‹ in Armen und Beinen. Wenn nämlich, nach etwa zweiwöchigem Üben der Schwere, die Lockerung der Muskulatur eintritt, stellt sich das Gefühl der Wärme (welches sich mit Kribbeln bei Mehrdurchblutung ankündigt) automatisch ein.
Medizinisch gesehen ist eine bessere Durchblutung bei entspannten und lokkeren Muskeln immer vorhanden. Das kommt daher, weil unsere Blutgefäße, ebenso wie die Muskelspannung, durch das vegetative Nervensystem gesteuert werden und bei Entspannung ebenfalls entspannen. Die Wandspannung unserer Blutgefäße nimmt, ähnlich einem elastischen Fahrradschlauch, also ab. Dadurch wird der Durchmesser der Adern größer und es fließt auch

ein klein wenig mehr Blut in die Arme und Beine, die hierdurch etwas wärmer werden. Übrigens fördert eine zunehmende Mehrdurchblutung der Muskeln auch noch zusätzlich unsere Wärmeempfindung und das Entspannungsgefühl. Umgekehrt kennen Sie ja sicher auch das Gefühl, wenn ein in unsere Glieder fahrender Schreck oder Angst die Durchblutung in Armen und Beinen drosselt. Wir werden im wahrsten Sinne des Wortes ›blaß vor Schreck‹! Die Durchblutung des Körpers ist also direkt mit der Wärmeempfindung gekoppelt. Bei der Konzentration auf Wärme erreichen wir in Wirklichkeit eine Mehrdurchblutung in den Gefäßen. Da der Vorgang von Mal zu Mal etwas gesteigert wird, spüren wie auch anfangs ein ›Prickeln‹ in den Fingerspitzen, wenn sich die Blutgefäße erst ein klein wenig dehnen und die Nervenenden (die auch an den kleinen Blutgefäßen liegen) die veränderte Wandspannung zum Gehirn weiterleiten. Die Formel zur Wärmeübung lautet:

»Meine Arme und Beine sind strömend warm!«

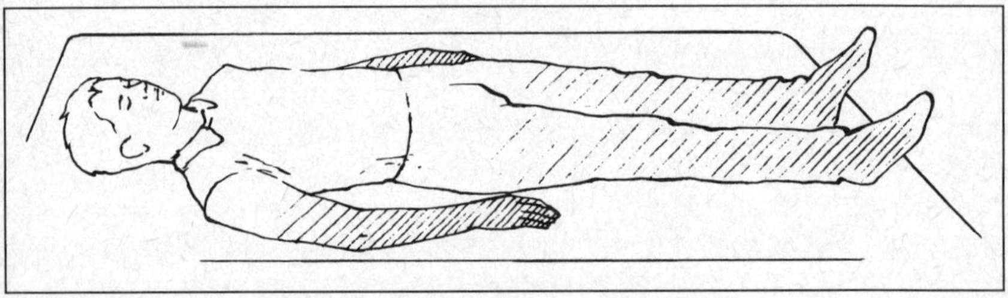

Abbildung 20: Genießen Sie das sich allmählich ausbreitende Gefühl wohliger Wärme in Armen und Beinen.

Vielleicht haben Sie jetzt verstanden, daß es sich bei der Wärmeübung also um eine willentliche Verbesserung der Durchblutung in den Armen und Beinen handelt durch passive Konzentration. Eindrucksvoll ist für Ungeübte immer wieder die meßbare Erhöhung der Oberflächentemperatur, beispielsweise der Handinnenflächen. Sie könnten das übrigens auch selbst versuchen durch ein Thermometer, mit dem Sie vor und nach dem Üben die Handflächentemperatur messen. Hierzu gibt es auch spezielle Thermometer mit empfindlichen Sensoren, die auf die Haut aufgeklebt werden können. In den Entspannungsgruppen benutze ich diese Form des ›Beweises‹ gerne, um die objektiven Veränderungen während der autosoggestiven Selbstentspannung auch zu demonstrieren und zu veranschaulichen. In den meisten Fällen wird durch die Konzentration auf Wärme eine Temperaturerhöhung von einigen Zehntel Grad bis zu zwei Grad erreicht. Vergessen Sie jedoch bitte

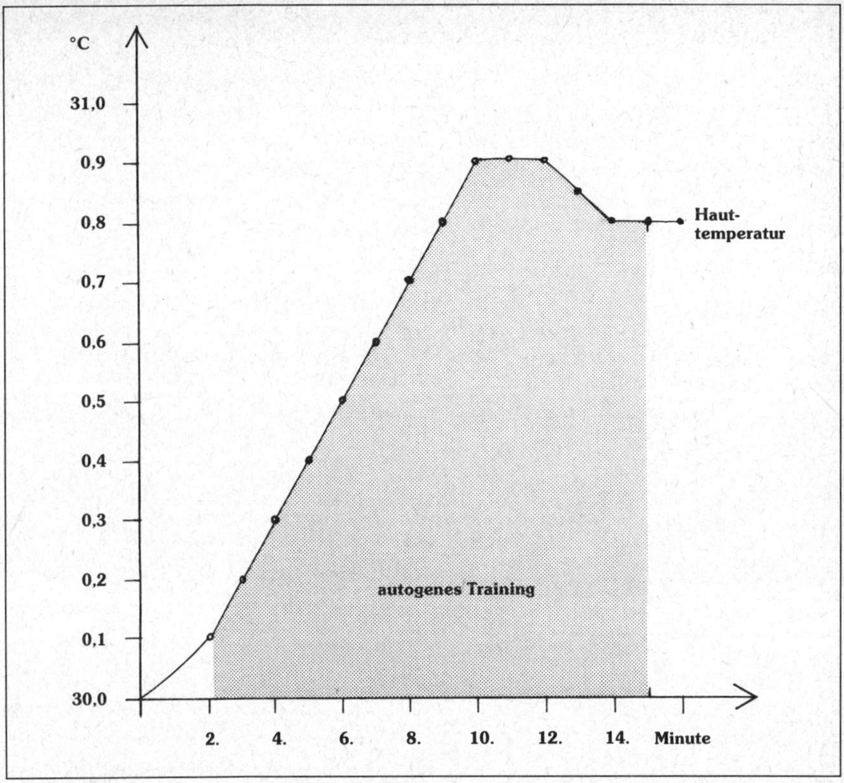

Abbildung 21: Die Kurve beginnt mit der Ausgangstemperatur von 30° Celsius, gemessen an der Haut der Hände. Im Laufe der Wärmeübung steigt die Temperatur deutlich an und erreicht ihren höchsten Wert von 30,9° Celsius auf dem Höhepunkt der Entspannung. Nach Beenden der Übung und der Rücknahme fällt die Temperatur wieder leicht ab und erreicht allmählich wieder den Ausgangswert.

nicht, daß die Erhöhung der Oberflächentemperatur ja nicht der eigentliche Sinn der Entspannungsübung, sondern nur das körperliche Anzeichen der tiefen Entspannung ist. Die folgende Grafik zeigt einen typischen Verlauf der Oberflächentemperatur während einer Entspannungsübung:
Bei dem Erlernen der Wärmeübung können Sie genau wie bei der Schwereübung vorgehen: Nach der Konzentration auf die Schwere, die sich ja dann auch eingestellt hat, können Sie mit der Konzentration langsam zur Wärme übergehen, indem Sie sich zuerst wieder auf das Wärmegefühl im rechten Arm konzentrieren, sodann auf beide Arme, dann auf das Wärmegefühl in den Armen und Beinen gleichzeitig. Schon nach einigen Tagen spüren Sie

dann das Wärmegefühl in Ihren Gliedern. Die meisten Menschen brauchen für die Hinzunahme der Wärme etwa zehn Tage, bis es wirklich klappt. Wer allerdings oft mit kalten Händen oder Füßen zu tun hat, gleichgültig, ob dies ein Zeichen einer vegetativen Fehlregulation oder durch einen niedrigen Blutdruck bedingt ist, wird vielleicht etwas mehr Zeit brauchen. In diesem Falle nutzen Sie ruhig die äußere Wärme einer Decke, die Sie über die Beine legen. Diejenigen jedoch, die höheren (vielleicht generell zu hohen Blutdruck haben) profitieren besonders gut bei diesen beiden ersten Übungen zur Muskel- und Gefäßentspannung. Der Blutdruck wird nämlich mild gesenkt, so daß dann unter ärztlicher Kontrolle sogar blutdrucksenkende Medikamente nach Beherrschen der Übungen reduziert oder teilweise sogar gänzlich weggelassen werden können.

Zusätzliche Hilfen für die ersten beiden Übungen

Gerade beim Einstieg in die Selbstentspannung und bei den ersten beiden Übungen des autogenen Trainings können bildhafte Vorstellungen zu einer Vertiefung des Entspannungsgefühles beitragen. Auch beruhigende Musik kann dies bewirken. Wichtig dabei ist der Hintergrundcharakter der bildhaften Vorstellung oder der Musik. Sie können zum Beispiel bei der Ruhetönung *»Ich bin ganz ruhig und entspannt«* die Vorstellung, an einem Meeresstrand zu liegen, nutzen. Allerdings sollten Sie immer darauf achten, daß die entspannungsverstärkenden Bilder oder Musikstücke keine »aktive Auseinandersetzung« erfordern. Dann laufen Sie nämlich Gefahr, sich nicht mehr auf die einzelnen Übungen des autogenen Trainings konzentrieren zu können, sondern vielleicht den letzten Urlaub oder das letzte Konzert erneut zu durchleben. Es müssen daher immer »stehende« Bilder sein, wie der Meeresstrand, die Waldlichtung oder die Wiese, auf der Sie entspannt liegen.
Im übrigen erfüllen diese kleinen Hilfsmittel noch einen anderen Zweck. Die bildhaften Vorstellungen oder die entspannungswirksame Musik (welche Musik sich eignet, ist ganz unterschiedlich, da der eine bei moderner Musik und der andere bei klassischer Musik entspannen kann) helfen, ein anfänglich häufig auftretendes Phänomen zu reduzieren, nämlich die zu intensive Auseinandersetzung mit den fehlgesteuerten Funktionen!
Es kann anfänglich durchaus sein, daß dem Übenden die kalten Füße, die Verspannung der Nackenmuskulatur, der Magendruck, die Rückenbeschwerden stärker bewußt werden. In einigen Gruppen wurde dann von einzelnen Mitgliedern gesagt:

»Das autogene Training funktioniert nicht! Meine Füße sind immer noch kalt!«
Das Gegenteil ist der Fall. Es braucht aber unter Umständen einige Wochen, bis der Körper sich umgestellt und wieder einen ausbalancierten Normalzustand erreicht hat. Es ist völlig normal, daß Fehlfunktionen wie kalte Füße uns in den ersten Tagen des Einübens der Selbstentspannung bewußter werden. Es bedarf dann eben einer Zeit der Umstellung. Hier wird nochmals deutlich, daß autogenes Training keine Wunder bewirken kann, sondern eine langsame und fortschreitende Entwicklung in einen harmonischen und ausgeglichenen Allgemeinzustand von Geist und Körper ermöglicht. Gerade weil das Training auf einem natürlichen Lernvorgang beruht, können wir nicht erwarten, daß eine vorher entstandene Fehlsteuerung sofort verschwindet. Im ersten Schritt muß die erlernte Fehlsteuerung wieder verlernt werden und das braucht etwas Zeit.
Die verbreitetsten vegetativen Fehlsteuerungen sind Schlafstörungen, wie Einschlaf- oder Durchschlafstörungen. Immer wieder suchen die Betroffenen nach organischen Ursachen für das Problem und greifen nur allzu oft zur medikamentösen »Keule«, um zu schlafen. Aber der künstlich erzeugte Schlaf ist in seinem Erholungswert nicht mit dem natürlichen zu vergleichen, und eine regelmäßige Einnahme von Tabletten ist auch nicht gerade gesund. Gerade in solchen Fällen hilft das autogene Training nachhaltig und dauerhaft, da es die Ursachen der Störung – streßbedingte Verspannungen – beseitigt.
Schlafstörungen sind schließlich nicht angeboren, sondern immer ›erlernt‹ oder Ausdruck anderer psychischer Störungen! Oft können schlafgestörte Menschen auch anfänglich keine bildhaften Vorstellungen in ihre Entspannungsübungen einbeziehen, da sie das »passive Fallenlassen« verlernt und Hilfestellungen dieser Art verdrängt haben. In diesem Falle sollte man, auch in der Lernphase des autogenen Trainings, die Übungen nicht als Einschlafhilfe benutzen. Erst nach einigen Wochen werden die Betroffenen merken, daß Bilder oder beruhigende Musik ihre Entspannung verstärken kann. Wenn dieses Stadium erreicht ist, können die autogenen Übungen auch vor dem Einschlafen als Einschlafhilfe genutzt werden.
Es wird aber nie möglich sein, vegetative Fehlsteuerungen mit Zwang zu verändern. Liegen Sie beispielsweise im Bett und fordern von sich: »Ich muß jetzt einschlafen!«, bleiben Sie garantiert wach! Wenn Sie aber ihre Aufmerksamkeit ablenken oder entspannen, wird es klappen, und der Schlaf kommt von selbst. Das Akzeptieren der eigenen Fehlsteuerung ist also immer die Voraussetzung für eine Veränderung! Außerdem braucht kein Mensch Angst zu haben, nie mehr schlafen zu können. Unser Organismus holt sich von ganz allein irgendwann einmal den nötigen Schlaf, denn schlafgestörte Menschen sind eher subjektiv als objektiv unausgeschlafen.

Übung 3: Atmen

Wenn Sie sich schon einmal mit Entspannungstechniken beschäftigt haben, werden Sie festgestellt haben, daß in fast allen Verfahren die Atmung eine zentrale Rolle spielt. Auch innerhalb der Übungen des autogenen Trainings gehört entspanntes Atmen zu den wichtigsten Übungen. Wir wissen heutzutage, daß nahezu alle geistigen oder körperlichen Spannungen des Organismus mit Atemveränderungen einhergehen. Allerdings nehmen wir diese nicht immer wahr! In extremen Situationen jedoch kann jeder von uns die Veränderung der eigenen Atmung registrieren.
Beispielsweise wird es uns bewußt, daß sich Freude oder Angst und Schrekken auf die Atmung auswirken, wenn sie »einem den Atem stocken lassen«! Unsere Atemmodulation, das ist die Art und Weise, in welcher Form wir ein- und ausatmen, stellt einen empfindlichen Indikator der Leib-Seele-Vorgänge dar. Dieser psychophysische Zusammenhang gilt für alle emotionalen Spannungen. Deshalb nimmt der Atemrhythmus innerhalb der Vielzahl der sich ändernden vegetativen Größen (wie etwa: Muskelspannung, Blutdruck, Herzfrequenz, hormonelle Steuerung) eine Sonderstellung ein. Medizinisch begründbar ist diese Sonderstellung vor allem dadurch, daß unsere Atmung sowohl bewußt wie auch unbewußt reguliert wird. Wir können beispielsweise auf ein Kommando hin eine bestimmte Zeit lang die Luft anhalten. Auf der anderen Seite ändert sich die Atmung eben auch bei Streß, ohne daß wir darauf bewußt einwirken. Die besondere Sensibilität der Atmung nutzen wir in der Atemübung aus, indem wir passiv, als schauten wir uns selbst von außen zu, den eigenen Atemrhythmus beachten. Die mögliche Formel für diese dritte konzentrative Übung lautet:

»Die Atmung geht ganz ruhig und regelmäßig!«

oder

»Es atmet mich!«

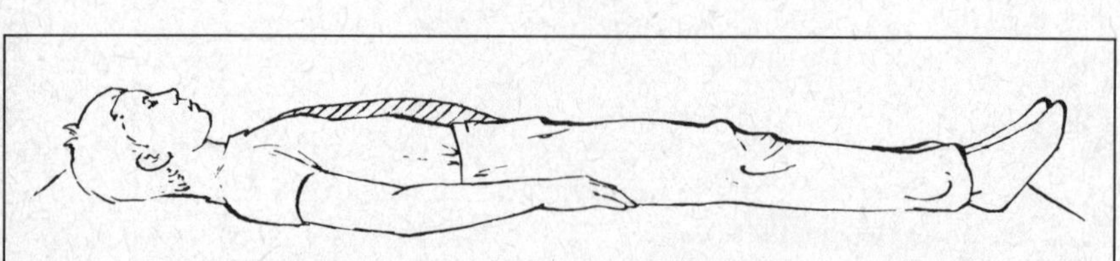

Abbildung 22: Wenn Sie ganz entspannt atmen, wird sich die Bauchatmung ganz von allein einstellen.

Die von *Schultz* vorgeschlagene Formel: *»Es atmet mich«* soll verhindern, daß der Übende aktiv versucht, die Tiefe oder Schnelligkeit der Atmung zu beeinflussen. Wir sollen uns also wieder völlig passiv auf den Atemrhythmus konzentrieren und das gleichmäßige Aus- und Einatmen innerlich beobachten. Dabei brauchen wir uns eigentlich nur auf die Bewegungen des Bauches, der sich ja immer mitbewegt, zu konzentrieren. Entspannte Menschen praktizieren die ›Bauchatmung‹, die auch im Tiefschlaf stattfindet, wohingegen wir im Wachzustand eher mit dem Oberkörper, das heißt, mit den Muskeln des Oberkörpers, atmen. Eine vertiefte Entspannung kann also durch die Konzentration auf die Bauchdecke erheblich gefördert werden. Ebenso wie es »Magentypen« gibt, die Ärger eher herunterschlucken wollen, gibt es sogenannte »Atemtypen«, deren Anspannung sich eher durch unregelmäßiges Atmen äußert. Diese Menschen werden anfangs versuchen, bewußt

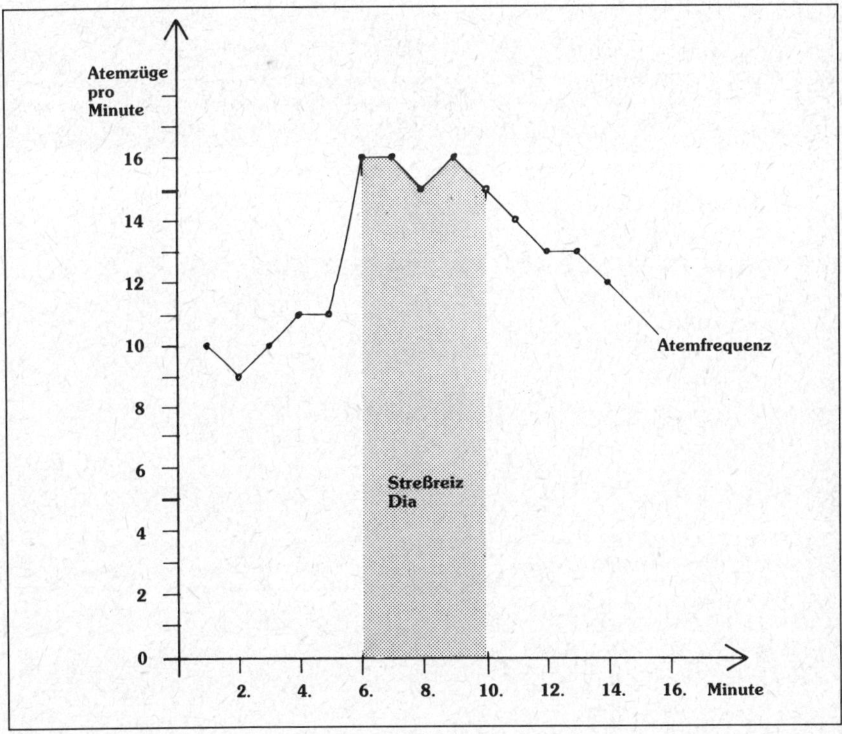

Abbildung 23: Die Auswirkung eines Streßreizes auf die Atmung. Die Versuchsperson, eine Frau mit ausgeprägter Spinnenangst, reagiert auf das Einblenden eines Dias, das eine Spinne zeigt, mit einer deutlichen Erhöhung der Atemfrequenz.

langsamer oder tiefer zu atmen! Aber genau das ist falsch! Allein das passive Erleben des Atemrhythmus läßt uns tief entspannen. Die Grafik auf Seite 69 zeigt zur Verdeutlichung das Atemverhalten einer Versuchsperson mit ausgeprägter Spinnenangst. In der siebten Minute wurden Fotos von Spinnen gezeigt, die bei der Versuchsperson als Distreß wirkten und zu deutlichen Änderungen der Atemfrequenz führten. Als die Person im nachhinein befragt wurde, war ihr die Änderung des Atemrhythmus nicht bewußt geworden!

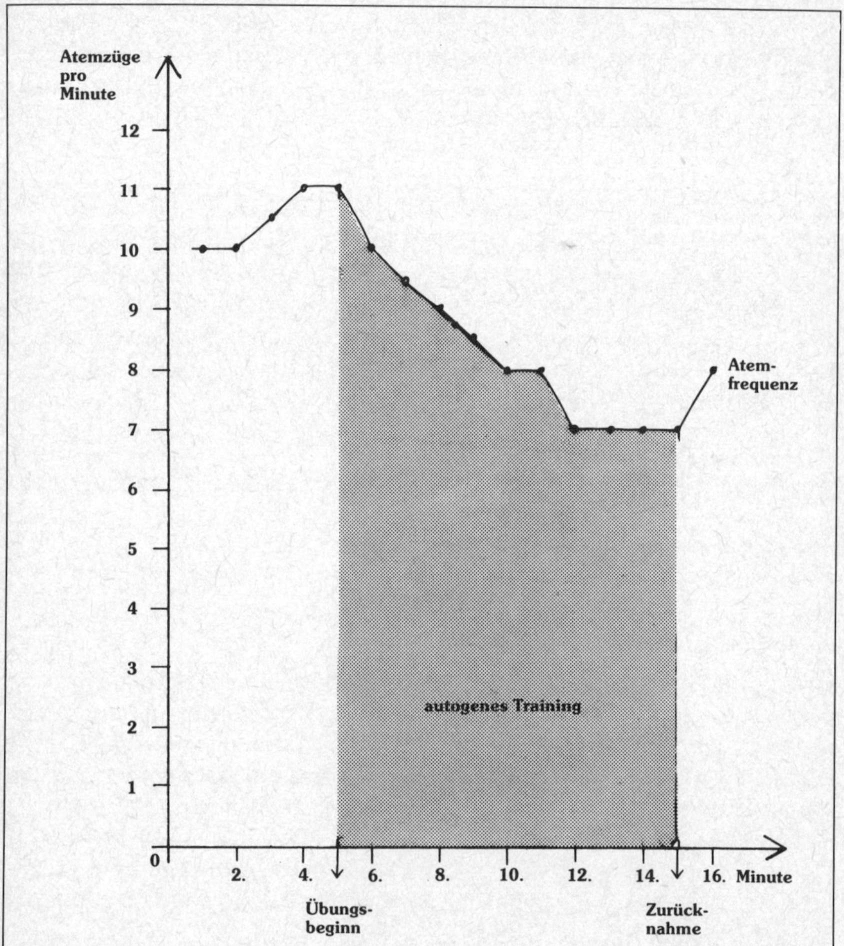

Abbildung 24: Herabsetzung der Atemfrequenz im Laufe des autogenen Trainings

Es gibt auch eine Reihe von Menschen, wie etwa Asthmatiker, die bisher die eigene Atmung als angstbesetzt erlebt haben. Diese Menschen könnten in den ersten Tagen des Einübens der Selbstentspannung mit der Atemübung Schwierigkeiten haben. Auch sie müssen erst lernen, daß die passive Hinwendung zur eigenen Atmung etwas Angenehmes bedeutet und nicht mit Luftnot gekoppelt sein muß! Die unmerkliche Stabilisierung der Atemfrequenz während des autogenen Trainings zeigt die Grafik auf Seite 70.
Auch bei der Atemübung helfen die schon besprochenen bildhaften Vorstellungen (siehe Seite 54). Sie könnten sich beispielsweise vorstellen, am Meer zu liegen, um die Brandung der Wellen in ihrem auf- und abschwellenden Rhythmus zu erleben. Untersuchungen haben ergeben, daß langsames, periodisches Rauschen sehr entspannungsvertiefend wirkt. (Hier gibt es kleine elektronische Geräte, die periodische Rauschsignale, sogenanntes »weißes Rauschen«, erzeugen und dadurch bereits Entspannungsreaktionen des Körpers einleiten.) Allerdings wirken solche Bilder oder Rauschsignale nicht auf die Menschen, die Angst vor Wasser haben. Das ist aber höchst selten.
Durch die Atemübung ist es sogar möglich, beginnende Asthmaanfälle in ihrer Entstehung zu verhindern. Viele Betroffene berichteten mir immer wieder, daß sie gelernt haben, Asthmaanfälle (für den Heuschnupfen gilt gleiches) in ihrer Häufigkeit extrem zu verringern. Dies liegt vor allem daran, daß die ersten Übungen des autogenen Trainings bereits eine Gesamtentspannung des Organismus gewährleisten und somit auch in akuten Streßsituationen das Erregungsniveau herabsetzen.

Übung 4: Herzschlag

Mit den drei bisher beschriebenen Übungen haben Sie bereits das Rüstzeug für eine Selbstentspannung in allen Lebenslagen erworben. Die nächste Übung integriert nun weitere vegetative Funktionen. Sonderbarerweise ist das Spüren des eigenen Herzschlages für viele Menschen eher angstbesetzt, weshalb diese Übung vielen Leuten zunächst Schwierigkeiten macht. Unser Herzschlag wird ebenso »automatisch« von körperlichen wie seelischen Faktoren gesteuert, wie die bereits besprochenen vegetativen Funktionen innerhalb der anderen Übungen.
Ob es bei sportlichen Aktivitäten, bei Freude oder Distreß passiert, überall wirkt sich die Ausgangslage unseres Organismus auch auf die Frequenz des Herzschlages aus.
Aber die Veränderung des Herzschlages ist uns dabei, ähnlich wie ja bereits bei der Atemübung beschrieben, nicht immer bewußt! Wenn uns das Herz

schon mal (vor Freude oder Angst) bis zum Halse hüpft, spüren wir es aber natürlich doch recht gut.
Wie sehr unser Herzschlag auch von der seelischen Verfassung abhängig ist, mag Ihnen ein typisches Beispiel erläutern:
Der Sprinter konzentriert sich, in seinen Startlöchern kniend, auf den bevorstehenden Start! Und was passiert nun? Sein Puls (= Herzschlagfolge) wie auch andere vegetative Funktionen des Körpers (also auch die Atmung, die Muskelspannung usw.) reagieren bereits so, als sei er schon gestartet! Die Regelkreise seines Organismus laufen schon mit 80% der Leistung, obwohl eigentlich noch nichts passiert.
Ebenso reagiert unser Herzschlag schon bei dem Gedanken an eine zukünftige freudige Situation! Oder wie geht es Ihnen, wenn Sie an die »jungverliebten Zeiten« zurückdenken? Dabei ist übrigens aus medizinischer Sicht das Erleben eines erhöhten Herzschlages aufgrund von Freude keineswegs ungesund. Unser Herz darf also ruhig einmal »vor Freude hüpfen!« Aber eine kurzfristige Erhöhung des Herzschlages aus Angst oder Wut ist ebenso unbedenklich. Lernen wir in unserem Leben aber zu oft den erhöhten oder unregelmäßigen Herzschlag in angstmachenden Situationen kennen, kann daraus eine sogenannte »Phobie« entstehen. Phobie bedeutet dabei, daß diejenigen Menschen auch in völlig unangemessenen Situationen aus übergroßer, ungerechtfertigter Angst ihr Herz rasen fühlen. Oft kreisen dabei die Gedanken nur noch um den zusätzlich angstmachenden Herzschlag. Ein negativer Lernprozeß verfestigt sich dann immer mehr, und die Phobie entsteht, weil der Herzschlag ängstlich beobachtet wird. Auch kleinste Reize (Stimuli) lösen dann immer wieder das quälende Herzrasen aus!
Während des autogenen Trainings dagegen versuchen wir, diese negativ eingeschliffenen Regelungen durch ›passives Erleben‹ des eigenen Herzschlages zu normalisieren. So erlernen wir wieder, die Pulswelle des Herzens als eine ganz natürliche und ausbalancierte, angenehme Empfindung zu spüren. In tiefer Ruhe und Entspannung spüren wir unseren Herzschlag deutlich in Armen und Beinen. Eigentlich spüren wir dabei die Pulswelle, die sich in den elastisch entspannten Blutgefäßen ausbreitet. Bei jedem Herzschlag pflanzt sich diese vom Herzen über alle Blutgefäße hin fort. Auch die kleinen Dehnungsänderungen, die dabei in den Blutgefäßen der Hände und Füße eintreten, verstärken das allgemeine Entspannungsgefühl beträchtlich. Bestimmt werden viele, die das autogene Training erlernen, schon bei den ersten Übungen die Pulswelle des Herzens spüren. Bei der Herzübung gehen wir also speziell zu dieser spürbaren Pulswelle in den Händen und Füßen. Die Konzentration auf Hände und Füße soll verhindern, daß eine Verunsicherung durch das Spüren des Herzschlages in der Brust oder vielleicht am Hals entsteht. Wir können wieder eine Formel zur Unterstützung nutzen:

»Mein Puls (Herz) geht ruhig und regelmäßig!«

oder:

»Mein Puls geht ruhig und kräftig!«

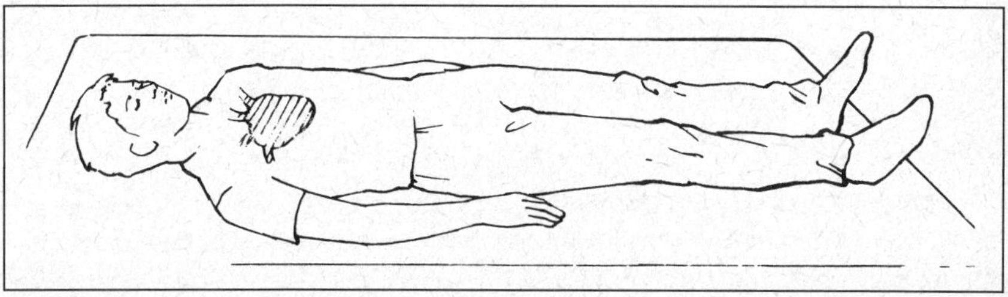

Abbildung 25: Bei der Herzübung ist es für die meisten Menschen einfacher, sich auf die Pulswelle, die in Armen und Beinen zu spüren ist, zu konzentrieren, als auf den Herzschlag selbst.

Auch für diese Übung benötigen wir etwa wieder zwei Wochen des täglichen Übens, bis sie ›automatisch‹ klappt! Wie bei den anderen Übungen soll nicht etwa aktiv die Herzschlagfolge in irgendeiner Form verändert werden. Wir brauchen uns nur ganz passiv auf die regelmäßigen Pulswellen in Armen und Beinen zu konzentrieren.

Mit diesem Prozeß des positiven Umlernens sollten Menschen, die einen Herzinfarkt erlitten haben, übrigens sehr behutsam umgehen. Ist die Angst nämlich zu groß, kann es passieren, daß sie sich nicht entspannen können und statt dessen noch mehr Angst bekommen. Das kommt aber nur bei denjenigen vor, die aktiv ihre Herzschlagfolge verändern (meist erniedrigen) wollen. In dem Falle ist der Erfahrungsaustausch in der Gruppe besonders hilfreich und verhindert die Verfestigung der Angst. Im übrigen sollte in den ersten Wochen nach einem erlittenen Herzinfarkt die Herzübung am besten ausgelassen oder nur unter ärztlicher Aufsicht durchgeführt werden. Die übrigen autogenen Übungen sind dagegen auch in diesem Fall angezeigt.

Für ein anderes Symptom ist die Herzübung dagegen besonders hilfreich. Wir wissen inzwischen, daß Herzrhythmusstörungen gehäuft bei erhöhten Dauerbelastungen (Distreß) auftreten! Wenn dann zu einer solchen Dauerbelastung auch noch Gefühle wie Ärger, Wut, Angst oder andere große Erregungen hinzukommen, ist eine Herzrhythmusstörung noch wahrscheinlicher. Das vegetative Nervensystem reagiert in solchen Situationen nämlich mit einer Beschleunigung der Herzfrequenz. Letztlich ist diese Regelung auch sehr sinnvoll, denn bei allen Lebewesen bedeutet das eine gesteigerte

Sauerstoffversorgung der Muskeln und Organe und sichert die Bereitschaft zum sofortigen Kampf oder zur schnellen Flucht! Durch eine solche Hochspannung in Gefahrensituationen stellt unser Organismus die höchstmögliche Energie bereit. Kommt es dann im folgenden aber gar nicht zur Spannungsabfuhr, kann die aufgestaute Spannung eben zu einem Ungleichgewicht der Seele-Körper-Balance führen. Schon ist der Teufelskreis geschlossen, und bei längerer Dauer können psychosomatische Krankheiten entstehen. Auf das Herz- und Kreislaufsystem bezogen kann es auch bei dieser Form der verdrängten Anspannung zum Bluthochdruck oder zur Herzrhythmusstörung oder gar zum Herzinfarkt führen. Andere Risikofaktoren, die uns bei dieser Verdrängung »helfen«, verstärken noch die Risiken (Nikotin, ungesunde Ernährung, fehlende Bewegung usw.).

Die Herzübung kann hier im Vorfeld helfen, Spannungen im Herz-Kreislaufsystem zu verringern oder abzubauen. Der Effekt auf lange Sicht ist, daß wir in Streßsituationen weniger überschießend reagieren und so einen Spannungsstau und dessen anschließende Verdrängung verhindern können.

In der folgenden Grafik sehen Sie zur Veranschaulichung die gemittelte Herzschlagfrequenz zweier Personengruppen. Die eine Gruppe ist autogen trainiert (alle acht Mitglieder übten dabei bereits länger als ein halbes Jahr), wohingegen in der Vergleichsgruppe noch niemand ein Entspannungsverfahren ausprobiert hat. Beiden Gruppen wurde von der 3. bis 5. Minute eine spannende Kampfszene per Video gezeigt; über die gesamte Zeit von 10 Minuten wurde die Herzfrequenz gemessen und ausgewertet.

Ein Anstieg der Herzfrequenz beim Ansehen des Videofilms ist bei den trainierten wie untrainierten Personen deutlich zu sehen. Genauso klar ist zu erkennen, daß die autogen Trainierten weniger überschießend reagieren. Natürlich haben sie dabei nicht während des Experimentes geübt, sondern seit sechs Monaten regelmäßig täglich zu Hause!

Auch das Zurückgehen des Herzschlages in den Ausgangsbereich vor Beginn des Video findet bei entspannteren Personen schneller statt. Die Folgerung aus dem Experiment:

Auch außerhalb der Übungen, während des Tages, verhilft das autogene Training zu einer schnelleren Erholung und bietet Schutz gegen Distreß! Sie brauchen dafür also nicht etwa während einer Streßsituation autogen trainieren, das gelänge auch höchst selten! Stellen Sie sich nur einmal vor, daß Sie in einen Autounfall verwickelt werden! Dann werden Sie sich kaum als erstes auf die Straße legen können, um das autogene Training zu praktizieren! Vor anstrengenden Autofahrten jedoch wäre eine Entspannung geradzu ideal! Wenn Sie nämlich das autogene Training beherrschen, wird Ihr Körper wieder ganz automatisch reagieren und von selbst in einen entspannten Zustand zurückfinden, wenn der Distreß beendet ist.

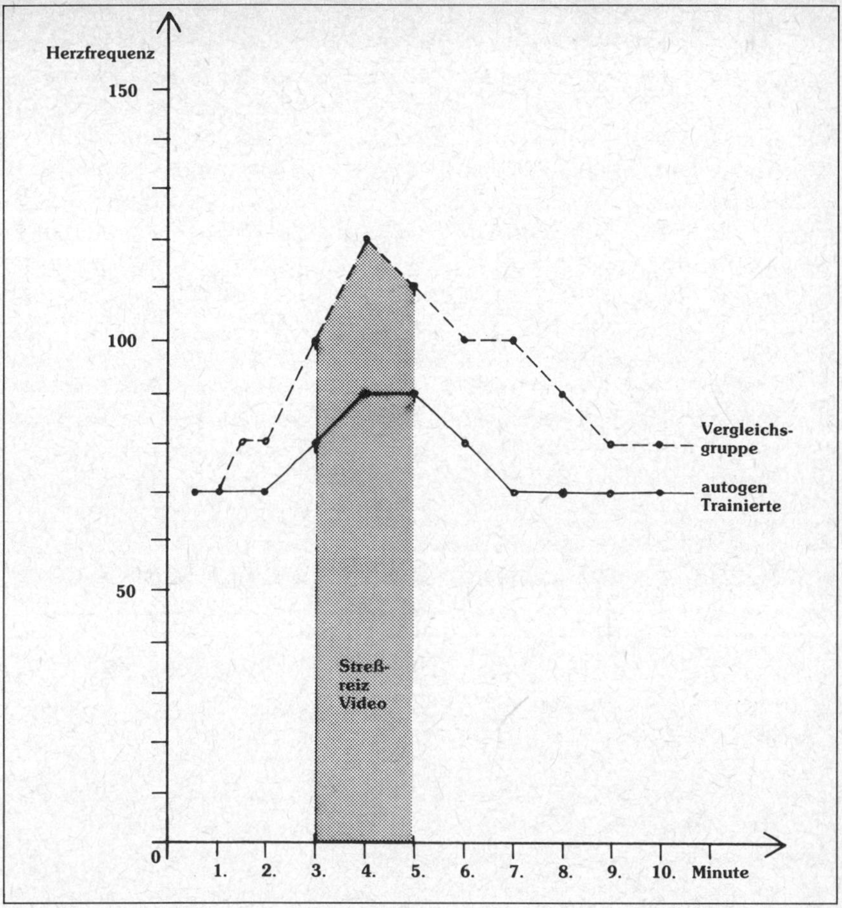

Abbildung 26: Auswirkung des autogenen Trainings auf die Reaktion auf einen Streßreiz (Kampfszene). Die Mitglieder der Gruppe A sind autogen trainiert und ihr Herzschlag beschleunigt sich deshalb deutlich geringer, als es bei den Mitgliedern der Vergleichsgruppe B der Fall ist.

Übung 5: Sonnengeflecht

Die fünfte Übung des autogenen Trainings erzielt, gemeinsam mit den vorhergehenden, den tiefsten Punkt der Versenkung innerhalb der vegetativen Entspannungsübungen mit der Konzentration auf die Leibesmitte, also das »Sonnengeflecht«.

Das Sonnengeflecht (eine Übersetzung des lateinischen Namens ›*Plexus solaris*‹) besteht anatomisch aus einem etwa handtellergroßen Nervengeflecht, welches etwa drei Zentimeter oberhalb des Bauchnabels in der Körpermitte liegt. Dieses Nervengeflecht bildet eine vegetative »Umschaltzentrale«, die in erster Linie die Funktionen der Bauchorgane reguliert und steuert. Von diesem Knotenpunkt ziehen dann die verschiedenen Nervenbahnen zu den Organen des Unterbauches und den Beinen.
Während des autogenen Trainings gelingt es uns durch die Konzentration auf die Leibesmitte, eine besondere und spezifische Entspannung aller inneren Organe zu erreichen. Ein kleines Problem sollte Ihnen dabei aber bewußt sein. Wir können uns ja eigentlich nicht auf das Nervengeflecht selbst konzentrieren, da es dort keine geeigneten Rezeptoren gibt, sondern wir müssen zu den jeweiligen Nervenfunktionen gehen, für die wir ein Empfinden besitzen. Beispielsweise können wir uns auf den Magenbereich sehr gut konzentrieren. Stellen Sie sich nur einmal vor, wie angenehm warm sich der Magen und der gesamte Unterleib anfühlen, wenn Sie in der Badewanne sitzen. Und wie oft hat eine Wärmflasche »auf den kalten Bauch gebracht, alles wieder gut gemacht«!
Während des autogenen Trainings konzentrieren wir uns bei der Sonnengeflechtsübung auf eine angenehme Wärme sowie die Entspannung der Bauchmuskulatur.
Die autosuggestive Formel für diese fünfte Übung lautet:

»Sonnengeflecht strömend warm!«

oder

»Mein Leib ist angenehm warm und entspannt!«

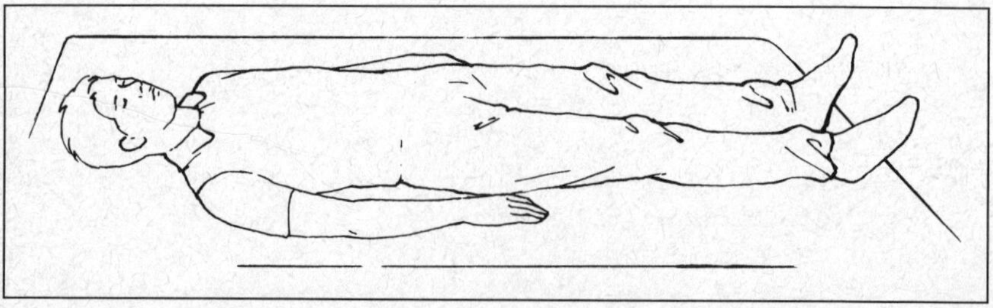

Abbildung 27: Zwar können wir uns nicht direkt auf das Sonnengeflecht konzentrieren, aber eine Entspannung der Bauchmuskulatur und das Empfinden von Wärme in diesem Bereich tut dieselbe Wirkung.

Wie die Entspannungstiefe bei den Übungen allmählich zunimmt, zeigt die Abbildung 28. Aufgeführt sind die verschiedenen Bewußtseinszustände während des Trainings. Der tiefe Entspannungszustand stellt ein Zwischenbewußtsein dar. Wir schlafen nicht, sind jedoch auf der Schwelle zum Schlaf. Wir nehmen in diesem Zustand zwar noch alles um uns herum wahr, aber die Gedanken sind »eingeengt«, und Störungen haben kaum einen Einfluß.

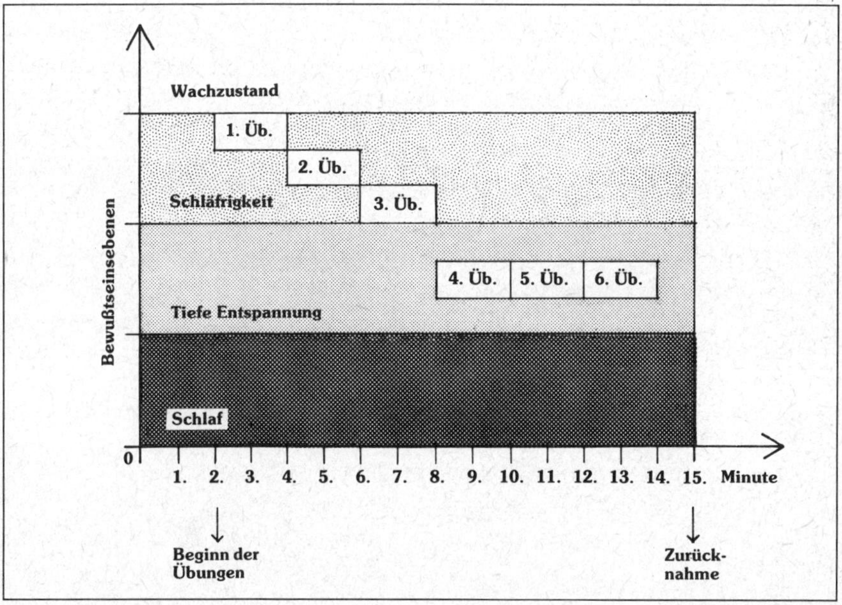

Abbildung 28: Schematische Darstellung der Veränderung der Bewußtseinslage während des autogenen Trainings. Die ersten drei Übungen machen angenehm schläfrig, und ab der vierten Übung ist der tiefe Entspannungszustand, der kurz vor dem Schlaf eintritt, erreicht.

Aus der Grafik ersehen Sie das langsame Absinken in einen tiefen Entspannungszustand schon während der ersten drei Übungen des autogenen Trainings. Die drei letzten Übungen vertiefen den Entspannungszustand noch. Wie wichtig es ist, gerade den Magen-Darm-Bereich in das autogene Training mit einzubeziehen, ist vielen Menschen nicht klar! Doch Magengeschwüre, chronische Stuhlverstopfungen (Obstipation) oder auch geschwürige Erkrankungen des Darmes sind oft auf Dauerbelastungen (Distreß) zurückzuführen. Ertappen Sie sich nicht auch manchmal dabei, den anfallenden Ärger an einem Arbeitstag »hinunterzuschlucken«? Denken Sie dann immer daran: einmal »schlucken« macht noch kein Magengeschwür! Aber ein

jahrelanger Aufstau in dieser Form ist immer schwerer »verdaulich« und kann zum Beispiel ein Geschwür verursachen. Die Sonnengeflechtsübung kann bereits nach einigen Übungswochen zur Beschwerdefreiheit bei Verdauungsstörungen und kolikartigen Schmerzen (krampfartige Unterbauchbeschwerden) führen. Immer wieder berichten mir Frauen mit Dysmenorrhoen (schmerzhaften Periodenblutungen) über eine wohltuende Erleichterung aufgrund des autogenen Trainings. Sicher ist Ihnen auch bekannt, daß Entspannungsübungen zur Erleichterung der Geburt hervorragende Dienste leisten. In vielen Kliniken konnte nachgewiesen werden, daß entspannte Frauen während der Geburt weit weniger oder gar keine Schmerzmittel benötigten, seltener Komplikationen hatten und die gesamte Geburt als deutlich einfacher und streßfreier erlebten. Eine Reihe von Entspannungsübungen (etwa die nach Read) wurden daher speziell zur Geburtsvorbereitung entwickelt. Wer jedoch lange genug vorher (und nicht erst einige Wochen vor der Geburt) entspannt, fährt mit dem autogenen Training noch am besten!
Auch die Autosuggestion der strömenden Wärme im Unterleib kann bildhaft unterstützt werden. Das Bild der »Sonne« bietet sich hier geradezu an, denn wer erlebt nicht gerne das angenehme Wärmegefühl, das einen durchströmt, wenn einem die Sonne auf den Bauch scheint, während man entspannt auf einer Wiese liegt. Wenn Sie ein ausgesprochener »Magentyp« sind (übrigens neigen Männer zum Magentypus, Frauen mehr zum Kopfschmerztyp! – Schlucken Männer lieber Ärger, weil sie Gefühle weniger zeigen dürfen? Geht Frauen mehr durch den Kopf?), erleichtern Sie sich die Übung anfangs vielleicht auch mit einer Decke oder einer Wärmflasche auf dem Bauch. Eine Decke, die Sie sich während des autogenen Trainings ruhig über die Beine legen sollten, dient auch zur allgemeinen Förderung des Entspannungsgefühls. Bei autogen trainierten Menschen kommt es während der Sonnengeflechtsübung zu einer meßbaren Mehrdurchblutung der gesamten Bauchmuskulatur und zu einer weiteren Herabsetzung der Muskelanspannung. Während der Gruppensitzungen kommt es immer wieder zu »Glucksern« und »Gurgelgeräuschen« aus dem Bauchraum bei den Übenden! Wenn dieses Phänomen nicht ein verständliches Gelächter ausgelöst hat, bleibt mir nach den Übungen noch die Möglichkeit der Erklärung dieses »Bauchrumorens«. Die Entspannung der Leibesmitte führt nämlich auch, neben der muskulären Lockerung und Entspannung sowie der bereits erklärten Erwärmung, zu Bewegungen der glatten Darmmuskulatur. Der Parasympathikus erhöht seine Aktivitäten während einer tiefen Entspannung genauso wie in der Nacht! Diese Geräusche bedeuten dann nichts anderes, als ein Gelingen der Übung. Keine Angst, auch wenn Sie es nicht bei sich glucksen hören, gelingt die Entspannung. Vielleicht haben Sie nur zuvor weniger im Bauch gehabt, das weitertransportiert wurde!

Übung 6: Stirnkühle

Aus den vorigen Seiten haben Sie durch die nacheinander liegenden Übungen des autogenen Trainings eine stetige Vertiefung der Eigenentspannung erlebt! Ein Schwerpunkt war dabei jeweils die passive Muskel- und Gefäßentspannung im Zusammenhang mit der regelmäßigen Atmung sowie des Herzschlages! Nun werden Sie staunen, wenn Sie bei der sechsten Übung Stirnkühle erzeugen sollen!
Warum soll der gesamte Körper erwärmt und entspannt werden, die Stirn aber kühl bleiben?
Wenn auch für alle anderen Körperregionen eine Muskelentspannung und die damit verbundene Wärme von den meisten Menschen als sehr angenehm empfunden wird, so gilt das nicht für unseren Kopfbereich! Aus dem Volksmund ist Ihnen das schon geläufig! Dort wird die Koppelung an ein Wärmegefühl im Kopfbereich als negativ bewertet. Ein »hitziger Kopf«, oder »... mir platzt der Kopf vor Hitze ...« beschreibt das bildhaft. Auch in der medizinischen Forschung wird belegt, daß eine übermäßige Durchblutung des Kopfes leicht zu Kopfschmerzen führen kann. Hier zeigt die Migräneforschung beispielsweise, daß zu Beginn eines Kopfschmerzanfalles zuerst die Blutgefäße im Kopfbereich verengt werden, und daß sie sich dann, zusammen mit den auftretenden pulsierenden Schmerzattacken, übermäßig erweitern. Diese Erweiterung erzeugt dann den typischen Migränekopfschmerz. Es handelt sich also auch bei dieser Körperreaktion um eine vegetative Fehlsteuerung, die durch autogenes Training gelindert wird. Der Wirkmechanismus des autogenen Trainings ist in diesem Falle eine »Tonisierung« der Blutgefäße, das bedeutet, die kleinsten Blutgefäße im Kopfbereich dürfen weder zu eng noch zu weit einreguliert werden. Die Regulierung funktioniert wie immer über das vegetative Nervensystem, welches die Wandspannung der Gefäße steuert.
Um darauf Einfluß nehmen zu können, hat *Schultz* die Konzentration auf eine angenehm kühle Stirn empfohlen. Übrigens wird hierbei auch die Tatsache genutzt, daß wir im Gesichtsbereich besonders viele Rezeptoren, also aufnehmende und weiterleitende Nervenbahnen, besitzen, die auch kleinste Temperaturdifferenzen auf der Hautoberfläche wahrnehmbar machen! Machen Sie hierzu ruhig einmal ein kleines Experiment:
Bringen Sie etwas Speichel auf die Fingerspitze, und ziehen Sie damit eine Spur über ihre Stirn. Sie werden eine angenehme Kühle dort spüren, wo der Speichel die Spur hinterließ. Nun brauchen wir das natürlich nicht während des autogenen Trainings zu tun. Es klappt in tiefer Entspannung allein durch die Konzentration.
Die Formel für die Übung lautet dabei:

»Stirn angenehm kühl!«

oder

»Mein Kopf ist frisch und frei!«

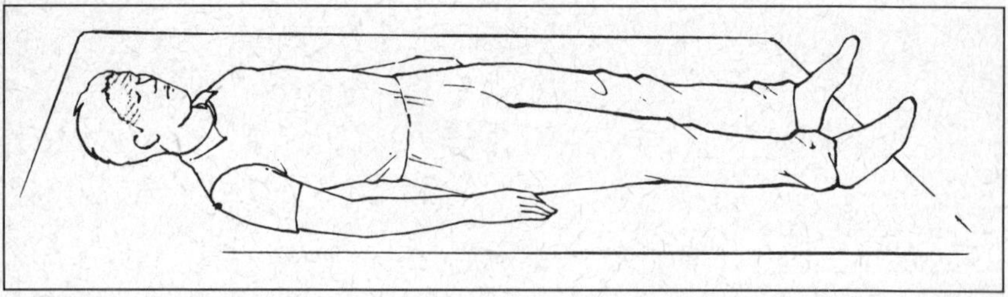

Abbildung 29: Das Erlebnis der Stirnkühle hilft Ihnen, einen »kühlen Kopf« zu bewahren. Diese sechste Übung sollte allerdings nicht durchgeführt werden, wenn Sie das autogene Training zum Einschlafen nutzen wollen.

Wenn Sie aber zu den 30% der Übenden gehören, für die Wärme im Kopfbereich sehr angenehm ist und keinerlei negative Gefühle hervorruft, könnten Sie auch eine Stirnwärme, die ebenso erreichbar ist, hervorrufen mit:

»Auch der Kopf (Stirn) ist angenehm warm und entspannt!«

Die Konzentration auf die Stirnkühle hilft außerdem, das Erfrischungs- und Erholungsgefühl, welches ja nach dem Beenden anhält, zu fördern. Nach der tiefen »Leib-Seele-Erholung« hilft die Stirnkühle also wieder »einen kühlen Kopf zu bekommen«. Sie bessert auch Müdigkeit und trägt zur anschließenden Konzentrationssteigerung bei.
Die bildhafte Vorstellung für diese Übung ist, daß Sie sich in Gedanken eine kühle Kompresse auf die Stirn legen.
Nach dieser sechsten Übung werden Sie vielleicht 20 Minuten geübt haben und stellen sich jetzt auf die Zurücknahme ein mit:

»Arme fest anspannen, tief Luft holen, Augen öffnen«! (siehe Seite 60ff.).

Die sechste Übung sollte übrigens nicht mit in Ihr Programm einbezogen werden, wenn Sie das autogene Training als Einschlafhilfe einsetzen.
Sie kennen nun alle Übungen des autogenen Trainings, die Sie einige Monate einüben sollten. Die Intensität des Entspannungserlebens wird sich von

Mal zu Mal steigern, und es wird Ihnen später auch möglich sein, örtliche Spannungs- und Krampfzustände gezielt aufzuheben, wie etwa Verspannungen im Bereich der Schultern und des Nackens. Das dauernde tägliche Üben bringt also im Laufe der Zeit ein müheloseres Erleben des Entspannungsgeschehens mit sich, auf das Sie gar nicht mehr verzichten wollen!

Der Ablauf des autogenen Trainings im Überblick

Die folgende Übersicht soll Ihnen die Durchführung eines Übungszyklus' erleichtern. Nähere Einzelheiten zu den einzelnen Übungen finden Sie unter den jeweiligen Überschriften.

1. In ruhiger Umgebung die körperliche Ausgangslage in bequemer Haltung einnehmen, und nach etwa ein bis zwei Minuten der inneren Umstellung die Augen schließen.

2. Beginn der Übungen:
Mehrmaliges gedankliches Wiederholen der »Ruhetönung«:
»Ich bin ganz ruhig und entspannt«

3. Jede der folgenden Formeln sollte einige Male innerlich wiederholt werden. Lassen Sie dabei jede Übung drei bis vier Minuten wirken, und genießen Sie das sich einstellende, allmählich wachsende Entspannungsgefühl. Nacheinander gehen Sie die Übungen mit folgenden Formeln durch:

Übung 1: Schwere
»Meine Arme und Beine sind ganz schwer!«

Übung 2: Wärme
»Meine Arme und Beine sind strömend warm!«

Übung 3: Atmen
»Meine Atmung geht ruhig und regelmäßig«

Übung 4: Herzschlag
»Mein Puls geht ruhig und regelmäßig«

Übung 5: Sonnengeflecht
»Mein Leib ist angenehm warm und entspannt«

Übung 6: Stirnkühle
»Meine Stirn ist angenehm kühl«

4. Beenden der Übungen:
Zurücknehmen durch:

»Arme fest anspannen, tief Luft holen, Augen öffnen«

Denken Sie immer daran (mit der Ausnahme, wenn Sie vor dem Einschlafen üben), daß gerade ein kurzes und kräftiges Zurücknehmen dazu beiträgt, daß Sie nach dem angenehmen tiefen Entspannungsgefühl erfrischt und erholt aufstehen. Ansonsten könnte es passieren, daß Sie sich etwas benommen und schläfrig fühlen nach dem autogenen Training. Gerade diejenigen, die eher zu niedrigem Blutdruck neigen, sollten besonders kräftig zurücknehmen, da sonst ein leichtes, aber ungefährliches Schwindelgefühl auftreten kann. Dieser einzige harmlose Nebeneffekt kann so verhindert werden.

Autogenes Training im täglichen Leben

Das bisher Besprochene klingt einfach, aber die tägliche Praxis kann ganz anders aussehen. Immer wieder wird mir in den Entspannungsgruppen gesagt: »Es ist ja alles gut und schön, ich verstehe auch wie wichtig es ist, sich täglich zu entspannen, aber wie setze ich das in meinen Alltag um? Wie schaffe ich mir Zeit und Raum für die Entspannung?«
Versuchen wir deshalb gemeinsam, einige Hilfestellungen zu erarbeiten. Eine drastische Änderung des eigenen Lebensstils kann nicht die Forderung sein! Viele Menschen glauben zwar, daß nur massive Veränderungen des täglichen Lebens ihr Wohlbefinden bessern könnten, aber das ist falsch! Der Utopie »ab morgen mache ich alles anders« darf keiner erliegen! Es sind vielmehr die vielen kleinen Schritte, die dann jedoch konsequent eingehalten werden müssen, die eine dauerhafte Selbsthilfe durch Entspannung gewährleisten. Kommen wir zu den kleinen Schritten!
Machen Sie zunächst ein geistiges (schriftlich ist noch besser) Bestandsprotokoll Ihres Tagesablaufes:
Gehören Sie auch zu den Menschen, die das morgendliche Aufstehen so knapp berechnen (bis zum Arbeitsbeginn), daß keine fünf Minuten Zeit blei-

ben, um »nichts« zu tun? Sie müssen schließlich nicht über alle Zeitungsartikel des morgens auf der Arbeit referieren! Und auch Ihre schulpflichtigen Kinder können den Bus sicherer erreichen, wenn die Familie morgens ein klein wenig mehr Luft hat. »Timen« Sie also ein klein wenig reichlicher. Bereits morgens setzen Sie sich sonst unter einen Druck, der unnötig ist! Wer seinen Wecker zehn Minuten früher stellt und nicht (fälschlicherweise) glaubt, der Schlaf wäre die gesündere Form der morgendlichen Streßvermeidung, wird sich bald wohler fühlen. Aus medizinischer Sicht kommt es nämlich keinesfalls auf die morgendlichen zehn Minuten Schlaf an. Es ist auch nichts dagegen einzuwenden, wenn Sie morgens ein paar Minuten (ohne übertriebene Anstrengung, veranstalten Sie keinen Wettkampf mit sich selbst!) Gymnastik machen! Aber gönnen Sie sich unbedingt auch noch fünf Minuten »Nichtstun«, bevor Sie in den Tag starten, um den eben aufgeladenen Akku Ihres Organismus wieder zu entladen.
Lassen Sie nun Ihren weiteren Tagesablauf Revue passieren. Gönnen Sie sich auch während des Arbeitsablaufes kurze Pausen? Beachten Sie dabei, daß Sie zumindest um die Mittagszeit noch einmal eine Zeit zum Abschalten haben! Viele antworten dann: »Das geht in unserem Büro aber nicht!« Wenn Sie ehrlich sich selbst gegenüber sind, werden Sie einen Zeitpunkt finden, an dem Sie allein sein können (das ist wichtig für ein kurzes seelisch-körperliches Entspannen). Keine Angst, Sie isolieren sich schließlich nicht von den anderen, sondern schaffen sich nur eine gezielte Ruhepause, um Ihr autogenes Training zu machen. Wenn Sie dann zu ihren Kollegen (vielleicht waren Sie in einem Nebenraum, notfalls tut's auch das »stille Örtchen«) zurückkehren, sind Sie erholter als diejenigen, die gähnend und lustlos im Nikotinqualm sitzend ein Bett zur Entspannung fordern!
Haben Sie einen ruhigen Raum an Ihrer Arbeitsstelle gefunden? Es gibt ihn zweifellos! Auch vielgeplagte Mütter mit Kleinkindern bestätigen mir nach einigen Wochen, daß es bei richtiger Überlegung (auch das Kind schläft mittags oder spielt bei Nachbarn) einen mittäglichen Zeitraum zum Abschalten gibt! Für die ersten Wochen dieses ersten kleinen Schrittes brauchen Sie auch noch nicht spezielle Entspannungsübungen durchführen. Es ist viel wichtiger, daß sie sich an die Entspannungsphase (vielleicht 10–15 Minuten) gewöhnen. Machen Sie sich klar, daß Sie in dieser Zeit »nichts zu tun« brauchen. Also vermeiden Sie zum Beispiel Planungen für den Nachmittag oder das Überdenken des Vormittags; das können Sie anschließend noch ausreichend. Sie täten es ja sowieso, nur können Sie es erfrischter, wenn Sie mit Ihren Gedanken vorher nur die eigene Körperentspannung abgerufen haben! Vor allem machen Sie sich klar, daß tägliches Entspannen kein neuer Zwang sein darf, den Sie sich auferlegen. Abschalten darf kein neuer Termin werden. Unvergeßlich bleibt mir ein streßgeplagter und gleichermaßen magen-

geschädigter Managertyp, der es mit der Formel versuchte: »Ich muß mich zwischen 14.00 und 14.12 Uhr entspannen!« Diesen kleinen Merkzettel hatte er sich daher an seinen Schreibtisch geklebt. Sicher können Sie sich denken, was sein ›Magen‹ dazu sagte!

Die Zeit, die Sie für das autogene Training vorsehen (vielleicht zur Mittagszeit und nach Beendigung der Arbeit am späten Nachmittag), muß günstig liegen. Auch wenn das Training einmal ins Wasser fallen sollte, ist das dann kein Beinbruch; es sollte aber die Ausnahme sein.

Passives Fallenlassen erfordert nur, »alle geistigen und körperlichen Aktivitäten« abzuschalten. Stellen Sie sich vor, durch eine geistige Tür alle Aktivitäten herausgehen zu lassen. Wenn Ihnen noch etwas durch den Kopf geht, schikken Sie die Gedanken vor die Tür! Lassen Sie sich von den Gefühlen, tief entspannt zu sein, überkommen, anstatt aktiv nach ihnen zu streben! Dies ist ein Zustand offener Passivität, der auch für alle Formen der Meditation grundlegend ist. Erst nachdem Sie gelernt haben (in ruhiger, abwartender Haltung), diesen passiven Zustand bei sich abzurufen, sollten Sie mit den Entspannungsübungen beginnen.

Sie werden sehen, daß sich für Ihre Entspannungsübungen mit etwas gutem Willen auch in Ihrem Leben geeignete Zeiten finden lassen. Viele meiner Patienten berichten mir auch, daß sie sich auf ihre tägliche Entspannungszeit richtig freuen und nicht mehr darauf verzichten möchten.

Weitere Einsatzmöglichkeiten

Wer die Technik des autogenen Trainings erst einmal beherrscht, kann diese Methode auch nutzen, um bestimmte Dinge in seinem Leben zu verändern. Das geschieht mit Hilfe der sogenannten »formelhaften Vorsätzen«. Darunter werden kurze Merksätze verstanden, die in die tiefe Entspannung integriert werden. Diese Vorsatzbildung kann ein persönliches Problem, dessen Bewältigung bisher auf größere Schwierigkeiten gestoßen ist, beseitigen oder zumindest verringern. Wichtig ist der tägliche Einbezug in das Üben. Dies führt zu einer verstärkten Bewußtwerdung des Problems.

Die Vorsätze sollen sehr kurz und prägnant gehalten werden. Stichworte oder kurze Sätze sind ratsam.

Besonders wichtig ist, daß die Formulierungen nicht negativ sind oder Zweifel offen lassen. Also:

»Ich schaffe es«

und nicht:

»Ich möchte es schaffen« oder »Hoffentlich geht's gut!«

Dies bedeutet, zuerst das Problem zu erkennen, dann das Ziel als positive Formel auszudrücken. Hierzu einige notwendige Beispiele:
Besonders ängstliche, verspannte Menschen sollten vielleicht wählen:
»Ich bin überall sicher, entspannt und ganz ruhig!«
Nicht: »Ich habe keine Angst mehr, ich bin nicht mehr verspannt oder unsicher!«
Auch sollten negativ wirkende Worte wie Angst, Schmerz, Hemmung, Unruhe, Störung, Problem usw. vermieden werden. Zur Nikotinentwöhnung könnte eine Formel lauten:
»Ohne Rauch geht's auch«.
Zielformulierungen sollten also immer positiv sein; hier noch einige Beispiele, die von Übenden mit Erfolg verinnerlicht wurden:
»Ich fühle mich ruhig, ganz sicher und frei!«
»Die Ruhe kommt von allein!«
»Ich bin ganz locker, gelöst und frei!«
»Ruhe, Gelassenheit, Geborgenheit tut gut!«
Dieses Ziel (in Form eines geeigneten Satzes) muß dann in die täglichen Entspannungsübungen einbezogen werden, bis das Problem gelindert ist.
Meine Erfahrung über die Vorsatzbildung in den letzten Jahren innerhalb der Gruppenkurse, in denen immer wieder Formeln erarbeitet wurden, zeigten verblüffende Wirkungen bei den Übenden. Der Funktionsmechanismus ist folgender: Die einmal gewählten Vorsätze in der Entspannung beeinflussen unser bewußtes und unbewußtes Verhalten und Denken auch den Tag über. Ähnlich wie beim »Superlearning«, bei dem ja ebenfalls die erhöhte Lernbereitschaft in der Entspannung ausgenutzt wird, kann ein positives Ziel so eher erreicht werden, als durch »normales« Lernen.
Durch die allmähliche Beseitigung von Problemen werden weitere Streßreize ausgeschaltet und das Leben wird auch aus dieser Sicht leichter. Daraus kann eine erhöhte Konzentrationsfähigkeit, ein besseres Durchhaltevermögen und ein verstärktes Selbstvertrauen hervorgehen.

1. Die wachsende innere Ausgeglichenheit führt zu einer gezielten Distanzierung in Streßsituationen.

2. Entspannte Menschen haben einen gesunden, erholsamen Schlaf.

3. Das autogene Training fördert die körperliche Erholung, führt zur Leistungs- und Konzentrationssteigerung.

4. Bei den folgenden psychosomatischen Störungen wird das autogene Training mit Erfolg eingesetzt:

- zur Reduzierung von Angstzuständen, Prüfungsängsten, Phobien,
- bei Kreislaufstörungen, Blutdrucknormalisierung, Behebung kalter Hände und Füße, Kopfschmerzsyndromen,
- bei Magen-Darm-Störungen,
- zur Schmerzlinderung,
- zur Behebung nervöser Atembeschwerden wie asthmatischen Beschwerden und
- zur Behebung depressiver Verstimmungen.

Schlußbemerkung

Obschon das autogene Training bei richtiger Anwendung viel zu leisten vermag, stellt es doch kein Allheilmittel dar! Aber es bietet so viele Vorteile für unsere größeren und kleineren Sorgen des Alltags, daß Sie den Versuch machen sollten, zu dem Kreis der erfolgreichen Anhänger zu gehören. Auch der Ruf nach immer wieder neuen Methoden zur Selbstverwirklichung mußte relativiert werden. Ein Wort von *Schultz*, dem »Erfinder« des autogenen Trainings, soll am Ende stehen:
»Die Entspannung des autogenen Trainings ist nicht als Rezept für Weltanschauungen gedacht. Leben verlangt Polarität. Auf unseren Stoff angewandt: höchste Kampf- und Wirklichkeitsspannung auf der einen, tief aufbauende, von innen quellende Entspannung auf der anderen Seite. Hierfür ist das autogene Training als konzentrativ-seelische gymnastische Hilfe gedacht.«

Register

Stand Frühjahr 1986

Gesamt-Programm

Essen und Trinken

Kalte und warme Vorspeisen
einfach · herzhaft · raffiniert. (5045) Von K. Iden, 64 S., 43 Farbfotos, Pappband.
DM 12,80/S 99.–

Köstliche Suppen
für jede Tages- und Jahreszeit. (5122) Von E. Fuhrmann, 64 S., 38 Farbfotos, 2 Zeichnungen, Pappband.
DM 12,80/S 99.–

Kochen, was allen schmeckt
1700 Koch- und Backrezepte für jede Gelegenheit. (4098) Von A. und G. Eckert, 796 S., 60 Farbtafeln, Pappband. **DM 29,80**/S 239.–

Falken-Handbuch
Kochen nach allen Regeln der Kunst
Das moderne Grundkochbuch mit über 1000 Farbbildern. (4143) Von M. Gutta, 624 S., über 1000 farbige Abb., gebunden. **DM 78,–**/S 598.–

Brunos beste Rezepte
– rund ums Jahr (4154) Von B. Henrich, 136 S., 15 Farbfotos, kart.
DM 14,80/S 119.–

Was koche ich heute?
Neue Rezepte für Fix-Gerichte. (0608) Von A. Badelt-Vogt, 112 S., 16 Farbtafeln, kart. **DM 9,80**/S 79.–

Kochen für 1 Person
Rationell wirtschaften, abwechslungsreich und schmackhaft zubereiten. (0586) Von M. Nicolin, 136 S., 8 Farbtafeln, 23 Zeichnungen, kart.
DM 9,80/S 79.–

Gesunde Kost aus dem Römertopf
(0442) Von J. Kramer, 128 S., 8 Farbtafeln, 13 Zeichnungen, kart.
DM 8,80/S 74.–

Nudelgerichte
– lecker, locker, leicht zu kochen. (0466) Von C. Stephan, 80 S., 8 Farbtafeln, kart.
DM 7,80/S 69.–

Lieblingsrezepte
Phantasievoll zubereitet und originell dekoriert. (4234) Hrsg. P. Diller. 160 S., 120 Farbfotos, 34 Zeichnungen, Pappband. **DM 24,80**/S 198,–

Was Männer gerne essen
Leibgerichte
(2216) Von C. Arius, 80 S., 55 Farbabb., Pappband. **DM 9,80**/S 85,–

Omas Küche und unsere Küche heute
(4089) Von J. P. Lemcke, 160 S., 8 Farbtafeln, 95 Zeichnungen, Pappband.
DM 24,80/S 198.–

Die besten Eintöpfe und Aufläufe
Das Beste aus den Kochtöpfen der Welt (5079) Von A. und G. Eckert, 64 S., 50 Farbfotos, Pappband.
DM 12,80/S 99.–

Schnell und gut gekocht
Die tollsten Rezepte für den Schnellkochtopf. (0265) Von J. Ley, 96 S., 8 Farbtafeln, kart. **DM 7,80**/S 69.–

Kochen und backen im Heißluftherd
Vorteile, Gebrauchsanleitung, Rezepte. (0516) Von K. Kölner, 72 S., 8 Farbtafeln, kart. **DM 7,80**/S 69.–

Das neue Mikrowellen-Kochbuch
(0434) Von H. Neu, 64 S., 4 Farbtafeln, kart. **DM 6,80**/S 59.–

Ganz und gar mit Mikrowellen
(4094) Von T. Peters, 208 S., 24 Farbfotos, 12 Zeichnungen, kart.
DM 29,80/ S 239.–

Haltbar machen durch **Trocknen und Dörren**
Obst, Gemüse, Pilze, Kräuter (0696) Von M. Bustorf-Hirsch, 32 S., 42 Farbfotos, Spiralbindung.
DM 7,80/ S 69,–

Marmeladen, Gelees und Konfitüre
Köstlich wie zu Omas Zeiten – einfach selbstgemacht. (0720) Von M. Gutta, 32 S., 23 Farbfotos, 1 Zeichnung, Pappband. **DM 7,80**/S 69,–

Einkochen
nach allen Regeln der Kunst. (0405) Von B. Müller, 128 S., 8 Farbtafeln, kart.
DM 9,80/S 79.–

Einkochen, Einlegen, Einfrieren
Gesund, herzhaft. (4055) Von B. Müller, 27 s/w.-Abb., kart. **DM 14,80**/S 119.–

Das neue Fritieren
geruchlos, schmackhaft und gesund. (0365) Von P. Kühne, 96 S., 8 Farbtafeln, kart. **DM 7,80**/S 69.–

Weltmeister-Soßen
Die Krönung der feinen Küche. (0357) Von G. Cavestri, 96 S., 6 Farbfotos, viele Zeichnungen, kart. **DM 9,80**/S 79.–

Wildgerichte
einfach bis raffiniert. (5115) Von M. Gutta, 64 S., 43 Farbfotos, Pappband.
DM 14,80/S 119.–

Geflügel
Die besten Rezepte aus aller Welt. (5050) Von M. Gutta, 64 S., 32 Farbfotos, Pappband. **DM 12,80**/S 99.–

Mehr Freude und Erfolg beim **Grillen**
(4141) Von A. Berliner, 160 S., 147 Farbfotos, 10 farbige Zeichnungen, Pappband. **DM 24,80**/S 198.–

Grillen
Fleisch · Fisch · Beilagen · Soßen. (5001) Von E. Fuhrmann, 64 S., 38 Farbfotos, Pappband. **DM 12,80**/S 99.–

Chinesisch kochen
Schmackhafte Rezepte für die abwechslungsreiche Küche. (5011) Von A. und G. Eckert, 64 S., 57 Farbfotos, Pappband.
DM 12,80/S 99.–

Chinesisch kochen
mit dem Wok-Topf und dem Mongolen-Topf. (0557) Von C. Korn, 64 S., 8 Farbtafeln, kart. **DM 7,80**/S 69.–

Schlemmerreise durch die
Chinesische Küche
(4184) Von Kuo Huey Jen, 160 S., 117 Farbfotos, Pappband.
DM 24,80/S 198,–

Ostasiatische Küche
schmackhaft, bekömmlich und vielseitig. (5066) Von T. Sozuki, 64 S., 39 Farbfotos, Pappband. **DM 12,80**/S 99.–

Nordische Küche
Speisen und Getränke von der Küste. (5082) Von J. Kürtz, 64 S., 44 Farbfotos, Pappband. **DM 12,80**/S 99.–

Deutsche Küche
Schmackhafte Gerichte von der Nordsee bis zu den Alpen. (5025) Von E. Fuhrmann, 64 S., 52 Farbfotos, Pappband.
DM 12,80/S 99.–

Französisch kochen
Eine kulinarische Reise durch Frankreich. (5016) Von M. Gutta, 64 S., 35 Farbfotos, Pappband. **DM 14,80**/S 119.–

Französische Küche
(0685) Von M. Gutta, 96 S., 16 Farbtafeln, kart. **DM 12,80**/S 99.–

Französische Spezialitäten aus dem Backofen
Herzhafte Tartes und Quiches mit Fleisch, Fisch, Gemüse und Käse (5146) Von P. Klein, 64 S., 43 Farbfotos, Pappband. **DM 16,80**/139,–

Kochen und würzen mit **Knoblauch**
(0725) Von A. und G. Eckert, 96 S., 8 Farbtafeln, kart. **DM 7,80**/S 69,–

Schlemmerreise durch die
Italienische Küche
(4172) Von V. Pifferi. 160 S., 109 Farbfotos, Pappband. **DM 24,80**/S 198,–

Italienische Küche
Ein kulinarischer Streifzug mit regionalen Spezialitäten. (5026) Von M. Gutta, 64 S., 35 Farbfotos, Pappband.
DM 12,80/S 99.–

Portugiesische Küche und Weine
Kulinarische Reise durch Portugal. (0607) Von E. Kasten, 96 S., 16 Farbtafeln, kart. **DM 9,80**/S 79.–

Köstliche Pizzas, Toasts, Pasteten
Schmackhafte Gerichte schnell zubereitet. (5081) Von A. und G. Eckert, 64 S., 48 Farbfotos, Pappband.
DM 12,80/S 99.–

Köstliche Pilzgerichte
Rezepte für die meistvorkommenden Speisepilze. (5133) Von V. Spicker-Noack, M. Knoop, 64 S., 52 Farbfotos, Pappband. **DM 12,80**/S 99.–

Am Tisch zubereitet
Fondues, Raclettes, Flambieren. (4152) Von I. Otto, 208 S., 12 Farbtafeln, 17 s/w-Fotos, Pappband. **DM 24,80**/S 198.–

Köstliche Fondues
mit Fleisch, Geflügel, Fisch, Käse, Gemüse und Süßem. (5006) Von E. Exner, 64 S., 50 Farbfotos, Pappband.
DM 12,80/S 99.–

Fondues
und fritierte Leckerbissen. (0471) Von S. Stein, 96 S., 8 Farbtafeln, kart.
DM 6,80/S 59.–

Fondues · Raclettes · Flambiertes
(4081) Von R. Peiler und M.-L. Schult, 136 S., 15 Farbtafeln, 28 Zeichnungen, kart. **DM 14,80**/S 119.–

Neue, raffinierte Rezepte mit dem Raclette-Grill
(0558) Von L. Helger, 56 S., 8 Farbtafeln, kart. **DM 7,80**/S 69.–

Rezepte rund um Raclette und Hobby-Rechaud
(0420) Von J. W. Hochscheid, 72 S., 8 Farbtafeln, kart. **DM 7,80**/S 69.–

Kochen und würzen mit
Paprika
(0792) Von A. u. G. Eckert, 88 S., 8 Farbtafeln, kart. **DM 8,80**/S 74,–

Kleine Kalte Küche
für Alltag und Feste. (5097) Von A. und G. Eckert, 64 S., 45 Farbfotos, Pappband. **DM 12,80**/S 99.–

Kalte Platten
(4064) Von Maître P. Pfister, 240 S., 135 großformatige Farbfotos, gebunden.
DM 48,–/S 398.–

Kalte Platten – Kalte Büfetts
rustikal bis raffiniert. (5015) Von M. Gutta, 64 S., 34 Farbfotos, Pappband.
DM 14,80/S 119.–

Kalte Happen und Partysnacks
Canapés, Sandwiches, Pastetchen, Salate und Suppen. (5029) Von D. Peters, 64 S., 35 Farbfotos, Pappband.
DM 12,80/S 99.–

Garnieren und Verzieren
(4236) Von R. Biller, 160 S., 329 Farbfotos, 57 Farbzeichnungen, Pappband.
DM 24,80/S 198,–

Desserts
Puddings, Joghurts, Fruchtsalate, Eis, Gebäck, Getränke. (5020) Von M. Gutta, 64 S., 41 Farbfotos, Pappband.
DM 12,80/S 99.–

Süße Nachspeisen
(0601) Von P. Lohmann, 96 S., 8 Farbtafeln, 28 Zeichnungen, kart.
DM 8,80/S 74.–

Crêpes, Omeletts und Soufflés
Pikante und süße Spezialitäten. (5131) Von J. Rosenkranz, 64 S., 45 Farbfotos, Pappband. **DM 14,80**/S 119.–

Backen
(4113) Von M. Gutta, 240 S., 123 Farbfotos, Pappband. **DM 48,–**/S 398.–

Kuchen und Torten
Die besten und beliebtesten Rezepte. (5067) Von M. Sauerborn, 64 S., 79 Farbfotos, Pappband.
DM 12,80/S 99.–

Schönes Hobby Backen
Erprobte Rezepte mit modernen Backformen. (0451) Von E. Blome, 96 S., 8 Farbtafeln, kart. **DM 7,80**/S 69.–

Backen, was allen schmeckt
Kuchen, Torten, Gebäck und Brot. (4166) Von E. Blome, 556 S., 40 Farbtafeln, Pappband. **DM 24,80**/S 198,–

Meine Vollkornbackstube
Brot · Kuchen · Aufläufe. (0616) Von R. Raffelt, 96 S., 4 Farbtafeln, 4 s/w-Fotos, 8 Zeichnungen, kart. **DM 6,80**/S 59.–

Biologisch Backen
Neue Rezeptideen für Kuchen, Brote, Kleingebäck aus vollem Korn. (4174) Von M. Bustorf-Hirsch, 136 S., 15 Farbtafeln, 47 Zeichnungen, kart. **DM 14,80**/S 119,–

Selbst Brotbacken
Über 50 erprobte Rezepte. (0370) Von J. Schiermann, 80 S., 6 Zeichnungen, 4 Farbtafeln, kart. **DM 6,80**/S 59.–

Mehr Freude und Erfolg beim
Brotbacken
(4148) Von A. und G. Eckert, 160 S., 177 Farbfotos, Pappband.
DM 24,80/S 198,–

Brotspezialitäten
knusprig backen – herzhaft kochen. (5088) Von J. W. Hochscheid und L. Helger, 64 S., 48 Farbfotos, Pappband.
DM 12,80/S 99.–

Weihnachtsbäckerei
Köstliche Plätzchen, Stollen, Honigkuchen und Festtagstorten. (0682) Von M. Sauerborn, 32 S., 36 Farbfotos, Pappband. **DM 7,80**/S 69.–

Waffeln
süß und pikant. (0522) Von C. Stephan, 64 S., 8 Farbtafeln, kart.
DM 6,80/S 59.–

Kochen für Diabetiker
Gesund und schmackhaft für die ganze Familie. (4132) Von M. Toeller, W. Schumacher, A. C. Groote, 224 S., 109 Farbfotos, 94 Zeichnungen, Pappband. **DM 29,80**/S 239.–

Neue Rezepte für Diabetiker-Diät
Vollwertig – abwechslungsreich – kalorienarm. (0418) Von M. Oehlrich, 120 S., 8 Farbtafeln, kart. **DM 9,80**/S 79.–

Schlemmertips für Figurbewußte
(0680) Von V. Kahn, 64 S., 8 Farbtafeln, kart. **DM 9,80**/S 79.–

Wer schlank ist, lebt gesünder
Tips und Rezepte zum Schlankwerden und -bleiben. (0562) Von R. Mainer, 80 S., 8 Farbtafeln, kart.
DM 8,80/S 74.–

Kalorien – Joule
Eiweiß · Fett · Kohlenhydrate tabellarisch nach gebräuchlichen Mengen. (0374) Von M. Bormio, 88 S., kart.,
DM 5.80/49.–

Die 4444-Joule-Diät
Schlankessen mit Genuß. (0530) Von H. J. Fahrenkamp, 160 S., 8 Farbtafeln, kart., **DM 9,80**/S 79.–

Alles mit Joghurt
tagfrisch selbstgemacht. Mit vielen Rezepten. (0382) Von G. Volz, 88 S., 8 Farbtafeln, kart., **DM 7,80**/S 69.–

Die Brot-Diät
Ein Schlankheitsplan ohne Extreme. (0452) Von Prof. Dr. E. Menden und W. Aign, 92 S., 8 Farbtafeln, kart.,
DM 7,80/S 69.–

Gesund leben – schlank werden mit der
Bio-Kur
(0657) Von S. Winter, 144 S., 4 Farbtafeln, kart. **DM 9,80**/S 79,–

Miekes Kräuter- und Gewürzkochbuch
(0323) Von I. Persy und K. Mieke, 96 S., 8 Farbtafeln, kart. **DM 8,80**/S 74,–

Salate
(4119) Von C. Schönherr, 240 S., 115 Farbfotos, gebunden. **DM 48,–**/S 389.–

Delikate Salate
für alle Gelegenheiten rund um's Jahr. (5002) Von E. Fuhrmann, 64 S., 50 Farbfotos, Pappband. **DM 12,80**/S 99.–

Das köstliche knackige Schlemmervergnügen.
Salate
(4165) Von V. Müller, 160 S., 80 Farbfotos, Pappband. **DM 24,80**/S 198,–

111 köstliche Salate
Erprobte Rezepte mit Pfiff. (0222) Von C. Schönherr, 96 S., 8 Farbtafeln, 30 Zeichnungen, kart. **DM 8,80**/S 74.–

Rohkost
Schmackhafte Gerichte für die gesunde Ernährung. (5044) Von I. Gabriel, 64 S., 53 Farbfotos, Pappband.
DM 12.80/S 99.–

Joghurt, Quark, Käse und Butter
Schmackhaftes aus Milch hausgemacht. (0739) Von M. Bustorf-Hirsch, 32 S., 59 Farbabb., Pappband. **DM 7,80**/S 69,–

Die abwechslungsreiche Vollwertküche
Vitaminreich und naturbelassen kochen und backen. (4229) Von M. Bustorf-Hirsch, K. Siegel, 280 S., 31 Farbtafeln, 78 Zeichungen, Pappband.
DM 36,–/ S 319,–

Alternativ essen
Die gesunde Sojaküche. (0553) Von U. Kolster, 112 S., 8 Farbtafeln, kart.
DM 9,80/S 79,–

Das Reformhaus-Kochbuch
Gesunde Ernährung mit hochwertigen Naturprodukten. (4180) Von A. u. G. Eckert, 160 S. 15 Farbtafeln, Pappband.
DM 24,80/S 198,–

Gesund kochen mit Keimen und Sprosen
(0794) Von M. Bustorf-Hirsch, 104 S., 8 Farbtafeln, 13 s/w-Zeichnungen, kart.
DM 8,80/S 74,–

Die feine Vegetarische Küche
(4235) Von F. Faist, 160 S., 191 Farbfotos, Pappband. **DM 24,80**/S 198,–

Biologische Ernährung
für eine natürliche und gesunde Lebensweise. (4125) Von G. Leibold, 136 S., 15 Farbtafeln, 47 Zeichnungen, kart.
DM 14,80/S 119.–

Gesunde Ernährung für mein Kind
(0776) Von M. Bustdorf-Hirsch, 96 S., 8 Farbtafeln, 5s/w Zeichnungen, kart.
DM 9,80/S 79,–

Vitaminreich und naturbelassen
Biologisch Kochen
(4162) Von M. Bustorf-Hirsch, und K. Siegel, 144 S., 15 Farbtafeln, 31 Zeichnungen, kart., **DM 14,80**/S 119.–

Gesund kochen
wasserarm · fettfrei · aromatisch. (4060) Von M. Gutta, 240 S., 16 Farbtafeln, Pappband. **DM 24,80**/S 198,–

Kräuter- und Heilpflanzen-Kochbuch
für eine gesunde Lebensweise. (4066) Von P. Pervenche, 143 S., 15 Farbtafeln. kart. **DM 14,80**/S 119,–

Pralinen und Konfekt
Kleine Köstlichkeiten selbstgemacht. (0731) Von H. Engelke, 32 S., 57 Farbfotos, Pappband. **DM 7,80**/S 69,–

Köstlichkeiten für Gäste und Feste
Kalte Platten
(4200) Von I. Pfliegner, 160 S., 130 Farbfotos, Pappband. **DM 24,80**/S 198,–

Kochen für Gäste
Köstliche Menüs mit Liebe zubereitet. (5149) Von R. Wesseler, 64 S., 40 Farbfotos, Pappband. **DM 14,80**/S 119,–

FALKEN VERLAG

Die Preise entsprechen dem Status beim Druck dieses

Bocuse à la carte
Französisch kochen mit dem Meister. (4237) Von P. Bocuse, 88 S., 218 Farbfotos, Pappband. **DM 16,80**/S 139,–
Auch als Video-Kassette erhältlich

Kochschule mit Paul Bocuse
(6016/VHS, 6017/Video-2000, 6018 Beta), 60 Min. in Farbe
DM 69,–/S 619,–
(unverb. Preisempfehlung)

Natursammlers Kochbuch
Wildfrüchte und Gemüse, Pilze, Kräuter – finden und zubereiten. (4040) Von C. M. Kerler, 140 S., 12 Farbtafeln, gebunden. **DM 19,80**/S 159,–

Neue Cocktails und Drinks
mit und ohne Alkohol. (0517) Von S. Späth, 128 S., 4 Farbtafeln, kart., **DM 9,80**/S 79.–

Mixgetränke
mit und ohne Alkohol (5017) Von C. Arius, 64 S., 35 Farbfotos, Pappband. **DM 12.80**/S 99.–

Cocktails und Mixereien
für häusliche Feste und Feiern. (0075) Von J. Walker, 96 S., 4 Farbtafeln, kart. **DM 6,80**/S 59.–

Die besten Punsche, Grogs und Bowlen
(0575) Von F. Dingden, 64 S., 2 Farbtafeln, kart. **DM 6,80**/S 59.–

Weine und Säfte, Liköre und Sekt
selbstgemacht. (0702) Von P. Arauner, 232 S., 76 Abb., kart. **DM 16,80**/S 139,–

Mitbringsel aus meiner Küche
selbst gemacht und liebevoll verpackt. (0668) Von C. Schönherr, 32 S., 30 Farbfotos, Pappband. **DM 7,80**/S 69,–

Weinlexikon
Wissenswertes über die Weine der Welt. (4149) Von U. Keller, 228 S., 6 Farbtafeln, 395 s/w-Fotos, Pappband. **DM 29,80**/S 239.–

Köstliches Lebenselixier **Wein**
(2204) Von H. Steffan, 80 S., 73 Farbfotos, Pappband. **DM 9,80**/S 85.–

Von der Romantik der blauen Stunde
Cocktails und Drinks
(2209) Von S. Späth, 80 S., 25 Farbfotos und Zeichnungen, Pappband. **DM 9,80**/S 85,–

Vom Genuß des braunen Goldes **Kaffee**
(2213) Von H. Strutzmann. 80 S., 49 Fotos, Pappband. **DM 9,80**/S 85,–

Heißgeliebter Tee
Sorten, Rezepte und Geschichten. (4114) Von C. Maronde, 153 S., 16 Farbtafeln, 93 Zeichnungen, gebunden. **DM 24,80**/S 198.–

Tee für Genießer.
Sorten · Riten · Rezepte. (0356) Von M. Nicolin, 64 S., 4 Farbtafeln, kart. **DM 5,80**/S 49.–

Tee
Herkunft · Mischungen · Rezepte. (0515) Von S. Ruske, 96 S., 4 Farbtafeln, 16 s/w Abbildungen, Pappband. **DM 9,80**/S 79.–

Vom höchsten Genuß des Teetrinkens
(2201) Von I. Ubenauf, 80 S., 57 Farbfotos, Pappband. **DM 9,80**/S 85.–

Kinder lernen spielend backen
(5110) Von M. Gutta, 64 S., 45 Farbfotos, Pappband. **DM 12,80**/S 99,–

Kinder lernen spielend kochen
Lieblingsgerichte mit viel Spaß selbst zubereitet. (5096) Von M. Gutta, 64 S., 45 Farbfotos, Pappband, **DM 12,80**/S 99,–

Hobby

Aquarellmalerei
als Kunst und Hobby. (4147) Von H. Haack und B. Wersche, 136 S., 62 Farbfotos, 119 Zeichnungen, gebunden **DM 39,–**/S 319,–

Aquarellmalerei
Materialien · Techniken · Motive. (5099) Von Th. Hinz, 64 S., 79 Farbfotos, Pappband. **DM 12,80**/S 99,–

Hobby Origami
Papierfalten für groß und klein. (0756) Von Z. Aytüre-Scheele, 88 S., über 800 Farbfotos, kart. **DM 19,80**/S 159,–

Origami –
Die Kunst des Papierfaltens. (0280) Von R. Harbin, 160 S., 633 Zeichnungen, kart. **DM 9,80**/S 79,–

Weihnachtsbasteleien
(0667) Von M. Kühnle und S. Beck, 32 S., 56 Farbfotos, 6 Zeichnungen, Pappband. **DM 7,80**/S 69,–

Falken-Handbuch
Zeichnen und Malen
(4167) Von B. Bagnall, 336 S., 1154 Farbabb., Pappband. **DM 68,–**/S 549,–

Naive Malerei
Materialien · Motive · Techniken (5083) Von F. Krettek, 64 S., 76 Farbfotos, Pappband. **DM 12,80**/S 99,–

Bauernmalerei
als Kunst und Hobby. (4057) Von A. Gast und H. Stegmüller, 128 S., 239 Farbfotos, 26 Riß-Zeichnungen, gebunden. **DM 39,–**/S 319,–

Hobby Bauernmalerei
(0436) Von S. Ramos und J. Roszak, 80 S., 116 Farbfotos und 28 Motivvorlagen, kart. **DM 19,80**/S 159,–

Bauernmalerei
Kreatives Hobby nach alter Volkskunst (5039) Von S. Ramos, 64 S., 85 Farbfotos, Pappband. **DM 12,80**/S 99,–

Glasmalerei
als Kunst und Hobby. (4088) Von F. Krettek und S. Beeh-Lustenberger, 132 S., 182 Farbfotos, 38 Motivvorlagen, gebunden. **DM 39,–**/S 319,–

Naive Hinterglasmalerei
Materialien · Techniken · Bildvorlagen (5145) Von F. Krettek, 64 S., 87 Farbfotos, 6 Zeichnungen, Pappband. **DM 16,80**/S 139,–

Glasritzen
Materialien · Formen · Motive. (5109) Von G. Mégroz, 64 S., 110 Farbfotos, 15 Zeichnungen, Pappband. **DM 14,80**/S 119,–

Kunstvolle Seidenmalerei
Mit zauberhaften Ideen zum Nachgestalten. (0783) Von I. Demharter, 32 S., 56 Farbfotos, kart. **DM 7,80**/S 74,–

Zauberhafte Seidenmalerei
Materialien · Techniken · Gestaltungsvorschläge. (0664) Von E. Dorn, 32 S., 62 Farbfotos, Pappband. **DM 7,80**/S 69,–

Hobby Seidenmalerei
(0611) Von R. Henge, 88 S., 106 Farbfotos, 28 Zeichnungen, kart. **DM 19,80**/S 159,–

Hobby Stoffdruck und Stoffmalerei
(0555) Von A. Ursin, 80 S., 68 Farbfotos, 68 Zeichnungen, kart. **DM 19,80**/S 159,–

Stoffmalerei und Stoffdruck
Materialien · Techniken · Ideen · Modelle (5074) Von H. Gehring, 64 S., 110 Farbfotos, Pappband. **DM 12,80**/S 99,–

Batik
leicht gemacht. Materialien · Färbetechniken · Gestaltungsideen. (5112) Von A. Gast, 64 S., 105 Farbfotos, Pappband. **DM 12,80**/ S 99,–

Textilfärben
Färben so einfach wie Waschen. (0693) Von W. Siegrist, P. Schärli, 32 S., 47 Farbfotos, 3 Zeichnungen, Spiralbindung. **DM 12,80**/S 99,–

Schöne Geschenke selbermachen
(4128) Von M. Kühnle, 128 S., 278 Farbfotos, 85 farbige Zeichnungen, gebunden. **DM 39,–**/S 319,–

Flechten
mit Bast, Stroh und Peddigrohr. (5098) Von H. Hangleiter, 64 S., 47 Farbfotos, 76 Zeichnungen, Pappband. **DM 12,80**/S 99,–

Makramee
Knüpfarbeiten leicht gemacht. (5075) Von B. Pröttel, 64 S., 95 Farbfotos, Pappband. **DM 12,80**/S 99,–

Häkeln und Makramee
Techniken · Geräte · Arbeitsmuster. (0320) Von M. Stradal, 104 S., 191 Abb. und Schemata, kart. **DM 6,80**/S 59,–

FALKEN VERLAG

Häkeln
Schritt für Schritt für Rechts- und Linkshänder. (5134) Von H. Klaus, 64 S., 120 Farbfotos, 144 Zeichnungen, Pappband. **DM 14,80**/S 119,–

Klöppeln
Schritt für Schritt leicht gelernt. (0788) Von U. Seiffer, 32 S., 42 Farb-, 1 s/w-u. 25 2-3-farbige Fotos, mit Klöppelbriefen, Pappband. **DM 9,80**/S 79,–

Sticken
Schritt für Schritt für Rechts- und Linkshänder. (5135) Von U. Werner, 64 S., 196 Farbfotos, 96 Zeichnungen, Pappband. **DM 14,80**/S 119,–

Monogrammstickerei
Mit Vorlagen für Initialen, Vignetten und Ornamente. (5148) Von H. Fuchs, 64 S., 50 Farbfotos, 50 Zeichnungen, Pappband. **DM 14,80**/S 119,–

Falken-Handbuch **Stricken**
ABC der Stricktechniken und Strickmuster in ausführlichen Schritt-für-Schritt-Bildfolgen. (4137) Von M. Natter, 312 S., 106 Farb- und 922 s/w-Fotos, 318 Zeichnungen, Pappband.
DM 29,80/S 239,–

Bestrickend schöne Ideen
Pullover, Westen, Ensembles, Jacken
(4178) Von R. Weber, 208 S., 220 Farbfotos, 358 Zeichnungen, Pappband.
DM 29,80/S 239,–

Chic in Strick
Neue Pullover
Westen · Jacken · Kleider · Ensembles. (4224) Hrsg. R. Weber, 192 S., 255 Farbabb., Pappband. **DM 29,80**/S 239,–

Stricken
Schritt für Schritt für Rechts- und Linkshänder. (5142) Von S. Oelwein-Schefczik, 64 S., 148 Farbfotos, 173 Zeichnungen, Pappband. **DM 14,80**/S 119,–

Kuscheltiere stricken und häkeln
Arbeitsanleitungen und Modelle. (0734) Von B. Wehrle, 32 S., 60 Farbfotos, 28 Zeichnungen, Spiralbindung.
DM 7,80/S 69,–

Hobby Patchwork und Quilten
(0768) Von B. Staub-Wachsmuth, 80 S., 108 Farbabb., 43 Zeichnungen, kart.
DM 19,80/S 159,–

Textiles Gestalten
Weben, Knüpfen, Batiken, Sticken, Objekte und Strukturen. (5123) Von J. Fricke, 136 S., 67 Farb- und 189 s/w-Fotos, 15 Zeichnungen, kart.
DM 16,80/S 139,–

Gestalten mit Glasperlen
fädeln · sticken · weben (0640) Von A. Köhler, 32 S., 55 Farbfotos, Spiralbindung. **DM 6,80**/S 59,–

Neue zauberhafte Salzteig-Ideen
(0719) Von I. Kiskalt, 80. S., 320 Farbfotos, 12 Zeichnungen, kart.
DM 19,80/S 159,–

Hobby Salzteig
(0662) Von J. Kiskalt, 80 S., 150 Farbfotos, 5 Zeichnungen, Schablonen, kart.
DM 19,80/S 159,–

Gestalten mit Salzteig
formen · bemalen · lackieren. (0613) Von W.-U. Cropp, 32 S., 56 Farbfotos, 17 Zeichnungen, Pappband.
DM 7,80/S 69,–

Buntbemalte Kunstwerke aus Salzteig
Figuren, Landschaften und Wandbilder. (5141) Von G. Belli, 64 S., 165 Farbfotos, 1 Zeichnung, Pappband.
DM 12,80/S 99,–

Kreatives Gestalten mit Salzteig
Originelle Motive für Fortgeschrittene. (0769) Hrsg. I. Kiskalt, 80 S., 168 Farbfotos, kart. **DM 19,80**/S 159,–

Videokassette Salzteig
(6010/VHS, 6011/Video 2000, (6012/Beta) Von I. Kiskalt, Dr. A. Teuchert, in Farbe, ca. 35 Min. **DM 68,–**/ S 612,– Unverb. Preisempfehlung

Tiffany-Spiegel selbermachen
Materialien · Arbeitsanleitung · Vorlagen. (0761) Von R. Thomas, 32 S., 53 Farbfotos, Pappband. **DM 7,80**/S 69,–

Tiffany-Lampen selbermachen
Arbeitsanleitung · Materialien · Modelle. (0684) Von I. Spliethoff, 32 S., 60 Farbfotos, Pappband. **DM 7,80**/S 69,–

Hobby Glaskunst in Tiffany-Technik
(0781) Von N. Köppel, 80 S., 194 Farbfotos, 6 s/w-Abb., kart.,
DM 19,80/S 159,–

Kerzen und Wachsbilder
gießen · modellieren · bemalen. (5108) Von Ch. Riess, 64 S., 110 Farbfotos, Pappband. **DM 12,80**/S 99,–

Hobby Holzschnitzen
Von der Astholzfigur zur Vollplastik. (5101) Von H.-D. Wilden, 112 S., 16 Farbtafeln, 135 s/w-Fotos, kart.
DM 16,80/S 139,–

Bastelspaß mit der Laubsäge
Mit Schnittmusterbogen für viele Modelle in Originalgröße. (0741) Von L. Giesche, M. Bausch, 32 S., 61 Farbfotos, 7 Zeichnungen, Schnittmusterbogen, Pappband.
DM 9,80/S 79,–

Falken-Heimwerker-Praxis
Tapezieren
(0743) Von W. Nitschke, 112 S., 186 Farbfotos, 9 Zeichnungen, kart.
DM 19,80/S 159,–

Falken-Handbuch **Heimwerken**
Reparieren und selbermachen in Haus und Wohnung – über 1100 Farbfotos. Sonderteil: Praktisches Energiesparen. (4117) Von Th. Pochert, 440 S., 1103 Farbfotos. 100 ein- und zweifarbige Abb., gebunden. **DM 49,–**/S 398,–

Restaurieren von Möbeln
Stilkunde, Materialien, Techniken, Arbeitsanleitungen in Bildfolgen. (4120) Von E. Schnaus-Lorey, 152 S., 464 Zeichnungen, s/w-und Farbfotos, gebunden. **DM 39,–**/ S 319,–

Möbel aufarbeiten, reparieren und pflegen
(0386) Von E. Schnaus-Lorey, 96 S., 28 Fotos und 101 Zeichnungen, kart.,
DM 9,80/S 79,–

Vogelhäuschen, Nistkästen, Vogeltränken mit Plänen und Anleitungen zum Selbstbau. (0695) Von J. Zech, 32 S., 42 Farbfotos, 5 Zeichnungen, Pappband. **DM 7,80**/S 69,–

Papiermachen
ein neues Hobby. (5105) Von R. Weidenmüller, 64 S., 84 Farbfotos, 9 s/w-Fotos, 14 Zeichnungen, Pappband.
DM 16,80/S 139,–

Schmuck und Objekte aus Metall und Email
(5078) Von J. Fricke, 120 S., 183 Abb., kart. **DM 16,80**/S 139,–

Strohschmuck selbstgebastelt
Sterne, Figuren und andere Dekorationen (0740) Von E. Rombach, 32 S., 60 Farbfotos, 17 Zeichnungen, Pappband.
DM 7,80/S 69,–

Das Herbarium
Pflanzen sammeln, bestimmen und pressen. (5113) Von I. Gabriel, 96 S., 140 Farbfotos, Pappband.
DM 16,80/S 139,–

Gestalten mit Naturmaterialien
Zweige, Kerne, Federn, Muscheln und anderes. (5128) Von I. Krohn, 64 S., 101 Farbfotos, 11 farbige Zeichnungen, Pappband. **DM 14,80**/S 119,–

Dauergestecke
mit Zweigen, Trocken- und Schnittblumen. (5121) Von G. Vocke, 64 S., 57 Farbfotos, Pappband. **DM 14,80**/S 119,–

Ikebana
Einführung in die japanische Kunst des Blumensteckens. (0548) Von G. Vocke, 152 S., 47 Farbfotos, kart.
DM 19,80/S 159,–

Blumengestecke im Ikebanastil
(5041) Von G. Vocke, 64 S., 37 Farbfotos, viele Zeichnungen, Pappband.
DM 14,80/S 119,–

Hobby Trockenblumen
Gewürzsträuße, Gestecke, Kränze, Buketts. (0643) Von R. Strobel-Schulze, 88 S., 170 Farbfotos, kart.
DM 19,80/S 159,–

Hobby Gewürzsträuße
und zauberhafte Gebinde nach Salzburger Art. (0726) Von A. Ott, 80 S., 101 Farbfotos, 51 farbige Zeichnungen, kart. **DM 19,80**/S 159,–

Trockenblumen und Gewürzsträuße
(5084) Von G. Vocke, 64 S., 63 Farbfotos, Pappband. **DM 12,80**/S 99,–

Arbeiten mit Ton
Töpfern mit und ohne Scheibe. (5048) Von J. Fricke, 128 S., 15 Farbtafeln, 166 s/w-Fotos, kart.
DM 14,80/S 119,–

Töpfern
als Kunst und Hobby. (4073) Von J. Fricke, 132 S., 37 Farbfotos, 222 s/w-Fotos, gebunden. **DM 39,–**/S 319,–

Schöne Sachen modellieren
Originelles aus Cernit – ideenreich gestaltet. (0762) Von G. Thelen, 32 S., 105 Farbfotos, Pappband.
DM 7,80/S 69,–

Modellieren
mit selbsthärtendem Material. (5085) Von K. Reinhardt, 64 S., 93 Farbfotos, Pappband. **DM 12,80**/S 99,–

FALKEN VERLAG

Die Preise entsprechen dem Status beim Druck dieses

Formen mit Backton
Töpfern ohne Brennofen. (0612) Von A. Köhler, 32 S., 51 Farbfotos, Spiralbindung. **DM 7,80**/S 69,–
Keramik kreativ gestalten
(5072) Von E. Stark, 64 S., 117 Farbfotos, 2 Zeichnungen, Pappband. **DM 12,80**/S 99,–
Formen gießen und bemalen
(0639) Von H. Berger, 32 S., 46 Farbfotos, Spiralbindung. **DM 6,80**/S 59.–
Porzellanpuppen
Zauberhafte alte Puppen selbst nachbilden. (5138) Von C. Ann und D. Stanton, 64 S., 58 Farbfotos, 22 Zeichnungen, Pappband. **DM 16,80**/S 139.–
Marionetten
entwerfen · gestalten · führen (5118) Von A. Krause und A. Bayer, 64 S., 83 Farbfotos, 2 s/w-Fotos, 40 Zeichnungen, Pappband. **DM 14,80**/S 119,–
Hobby Puppen
Bezaubernde Modelle selbst gestalten. (0742) Von B. Wenzelburger, 88 S., 163 Farbfotos, 41 Zeichnungen, 11 Schnittmuster, kart. **DM 19,80**/S 159,–
Puppen und Figuren aus Kunstporzellan
gießen, bemalen und gestalten. (0735) Von G. Baumgarten, 32 S., 86 Farbfotos, Pappband. **DM 9,80**/ S 79,–
Die liebenswerte Welt der **Puppen**
(2212) Von U. D. Damrau, 80 S., 60 Farbfotos, Pappband. **DM 9,80**/S 85,–
Selbstgestrickte Puppen
Materialien und Arbeitsanleitungen. (0638) Von B. Wehrle, 32 S., 23 Farbfotos, 24 Zeichnungen, Spiralbindung. **DM 7,80**/S 69,–
Dekorative Rupfenpuppen
Arbeitsanleitungen und Gestaltungsvorschläge. (0733) Von B. Wenzelburger, 32 S., 57 Farbfotos, 14 Zeichnungen, Spiralbindung. **DM 7,80**/S 69,–
Schritt für Schritt zum Scherenschnitt
Materialien · Techniken · Gestaltungsvorschläge. (0732) Von H. Klingmüller, 32 S., 38 Farbfotos, 34 Vorlagen, Spiralbindung. **DM 7,80**/S 69,–
Garagentore selbst bemalt
Techniken und Motive. (0786) Von H. u. Y. Nadolny, 32 S., 34 Farbfotos, 12 s/w-Zeichnungen, Pappband. **DM 9,80**/S 79,–

Freizeit

Aktfotografie
Interpretationen zu einem unerschöpflichen Thema.
Gestaltung · Technik · Spezialeffekte. (0737) Von H. Wedewardt, 88 S., 144 Farb- und 6 s/w-Fotos, 6 Zeichnungen, kart. **DM 19,80**/S 159,–
Videokassette Aktfotografie
Laufzeit ca. 60 Min. In Farbe.
VHS (6001), Video 2000 (6002), Beta (6003) **DM 98,–**/S 882,– (unverb. Preisempfehlung)
So macht man bessere Fotos
Das meistverkaufte Fotobuch der Welt. (0614) Von M. L. Taylor, 192 S., 457 Farbfotos, 15 Abb., kart. **DM 14,80**/S 119,–
Falken-Handbuch
Dunkelkammerpraxis
Laboreinrichtung · Arbeitsabläufe · Fehlerkatalog. (4140) Von Eugen Pauli, 200 S., 54 Farbfotos, 239 s/w-Fotos, 171 Zeichnungen, Pappband. **DM 39,–**/S 319,–
Falken-Handbuch **Trickfilmen**
Flach-, Sach- und Zeichentrickfilme – von der Idee zur Ausführung. (4131) Von H.-D. Wilden, 144 S., über 430 überwiegend farbige Abb., Pappband. **DM 39,–**/S 319,–
Moderne Schmalfilmpraxis
Ausrüstungen · Drehbuch · Aufnahme Schnitt · Vertonung. (4043) Von U. Ney, 328 S., 29 Farbfotos, 177 s/w-Fotos, 57 Zeichnungen, gebunden. **DM 29,80**/S 239,–
Schmalfilmen
Ausrüstung · Aufnahmepraxis · Schnitt Ton. (0342) Von U. Ney, 108 S., 4 Farbtafeln, 25 s/w-Fotos, kart. **DM 9,80**/S 79,–
Schmalfilme selbst vertonen
(0593) Von U. Ney, 96 S., 57 s/w-Fotos, 14 Zeichnungen, kart. **DM 9,80**/S 79,–
Falken-Handbuch **Videofilmen**
Systeme, Kameras, Aufnahme, Ton und Schnitt. (4093) Von P. Lanzendorf, 288 S., 8 Farbtafeln, 165 s/w-Fotos, 25 Zeichnungen, gebunden. **DM 36,–**/S 298,–
Fotografie – Das Schöne als Ziel
Zur Ästhetik und Psychologie der visuellen Wahrnehmung. (4122) Von E. Stark, 208 S., 252 Farbfotos, 63 Zeichnungen, Ganzleinen. **DM 78,–**/S 624,–
Freude am Fotografieren
Die neue praktische Fotoschule mit über 500 Farbfotos. (4127) Von der Fachredaktion Kodak, 312 S., 536 Farbfotos, 90 s/w-Fotos, 13 Zeichnungen, Pappband. **DM 48,–**/S 398,–
Ferngelenkte Motorflugmodelle
bauen und fliegen. (0400) Von W. Thies, 184 S., mit Zeichnungen und Detailplänen, kart. **DM 16,80**/S 139,–
Modellflug-Lexikon
(0549) Von W. Thies, 280 S., 98 s/w-Fotos, 234 Zeichnungen, Pappband. **DM 36,–**/S 298,–
Flugmodelle
bauen und einfliegen. (0361) Von W. Thies und Willi Rolf, 160 S., 63 Abb., 7 Faltpläne, kart. **DM 12,80**/S 99,–
CB-Code
Wörterbuch und Technik. (0435) Von R. Kerler, 120 S., mit technischen Abb., kart. **DM 9,80**/S 79,–

Kleine Welt auf Rädern
Das faszinierende Spiel mit **Modelleisenbahnen** (4175) Von F. Eisen, 256 S., 72 Farb- und 180 s/w-Fotos, 25 Zeichnungen, Pappband. **DM 29,80**/S 239,–
Modelleisenbahnen im Freien
Mit Volldampf durch den Garten. (4245) Von F. Eisen, 96 S., 115 Farb-, 4 s/w-Fotos, 5 Zeichnungen, Pappband. **DM 29,80**/S 239,–
Raketen auf Rädern
Autos und Motorräder an der Schallgrenze. (4220) Von H. G. Isenberg, 96 S., 112 großformatige Farbfotos, 21 s/w-Fotos, Pappband. **DM 24,80**/S 198,–
Die rasantesten Rallyes der Welt
(4213) Von H. G. Isenberg und D. Maxeiner, 96 S., 116 großformatige Farbfotos, Pappband. **DM 24,80**/S 198,–
Die schnellsten Autos der Welt
(4201) Von H. G. Isenberg und D. Maxeiner, 96 S., 110 meist vierfarbige Abb., Pappband. **DM 24,80**/S 198,–
Trucks
Giganten der Landstraßen in aller Welt. (4222) Von H. G. Isenberg, 96 S., 131 Farbfotos, Pappband. **DM 24,80**/S 198,–
Ferngelenkte Elektromodelle
bauen und fliegen. (0700) Von W. Thies, 144 S., 52 s/w-Fotos, 50 Zeichnungen, kart. **DM 16,80**/139.–
Schiffsmodelle
selber bauen. (0500) Von D. und R. Lochner, 200 S., 93 Zeichnungen, 2 Faltpläne, kart. **DM 14,80**/S 119,–
Dampflokomotiven
(4204) Von W. Jopp, 96 S., 134 großformatige Farbfotos, Pappband. **DM 24,80**/S 198,–
Zivilflugzeuge
Vom Kleinflugzeug zum Überschall-Jet. (4218) Von R. J. Höhn und H. G. Isenberg, 96 S., 115 großformatige Farbfotos, Pappband. **DM 24,80**/S 198,–
Ferngelenkte Segelflugmodelle
bauen und fliegen. (0446) Von W. Thies, 176 S., 22 s/w-Fotos, 115 Zeichnungen, kart. **DM 14,80**/S 119,–
Die schnellsten Motorräder der Welt
(4206) Von H. G. Isenberg und D. Maxeiner, 96 S., 100 großformatige Farbfotos, Pappband. **DM 24,80**/S 198,–
Motorrad-Hits
Chopper, Tribikes, Heiße Öfen. (4221) Von H. G. Isenberg, 96 S., 119 Farbfotos, Pappband. **DM 24,80**/S 198,–
Die Super-Motorräder der Welt
(4193) Von H. G. Isenberg, 192 S., 170 Farb- und 100 s/w-Fotos, Pappband. **DM 39,–**/S 319,–

Motorrad-Faszination
Heiße Öfen, von denen jeder träumt. (4223) Von H. G. Isenberg, 96 S., 103 Farb- und 20 s/w-Fotos, Pappband. **DM 24,80**/S 198,–

Autos, die die Welt bewegten
Oldtimer
(2217) Von H. G. Isenberg, 80 S., 32 Farb- und 22 s/w-Fotos, Pappband. **DM 9,80**/S 85,–

Münzen
Ein Brevier für Sammler. (0353) Von E. Dehnke, 128 S., 4 Farbtafeln, 17 s/w-Abb., kart. **DM 9,80**/S 79.–

Astronomie als Hobby
Sternbilder und Planeten erkennen und benennen. (0572) Von D. Block, 176 S., 16 Farbtafeln, 49 s/w-Fotos, 93 Zeichnungen, kart. **DM 14.80**/S 119.–

Der Bart
Die individuelle Note des Mannes. (2222) Von H. Strutzmann, 80 S., 58 Farbfotos, Pappband. **DM 9,80**/S 85,–

Gitarre spielen
Ein Grundkurs für den Selbstunterricht. (0534) Von A. Roßmann, 96 S., 1 Schallfolie, 150 Zeichnungen, kart. **DM 24,80**/S 198.–

Falken-Handbuch **Zaubern**
Über 400 verblüffende Tricks. (4063) Von F. Stutz, 368 S., 1200 Zeichnungen, geb. **DM 29,80**/S 239.–

Zaubern
einfach – aber verblüffend. (2018) Von D. Buoch, 84 S., 41 Zeichnungen, kart. **DM 6,80**/S 59.–

Zaubertricks
Das große Buch der Magie. (0282) Von J. Zmeck, 244 S., 113 Abb., kart. **DM 14,80**/S 119.–

Magische Zaubereien
(0672) Von W. Widenmann, 64 S., 31 Zeichnungen, kart. **DM 7,80**/S 69.–

Pfeife rauchen
Die hohe Kunst, Tabak zu genießen. (2203) Von W. Hufnagel, 80 S., 77 Farbfotos, 4 s/w-Fotos, 11 Zeichnungen, Pappband. **DM 9,80**/S 85.–

Mit vollem Genuß **Pfeife rauchen**
Alles über Tabaksorten, Pfeifen und Zubehör. (4227) Von H. Behrens, H. Frickert, 168 S., 127 Farbfotos, 18 Zeichnungen, Pappband. **DM 39,–**/S 319,–

Mineralien, Steine und Fossilien
Grundkenntnisse für Hobby-Sammler. (0437) Von D. Stobbe, 96 S., 16 Farbtafeln, 14 s/w-Fotos, 10 Zeichnungen, kart. **DM 9,80**/S 79.–

Vom verführerischen Feuer der
Edelsteine
(2221) Von H. A. Mehler, M. Klotz, 80 S., 46 Farbfotos, Pappband. **DM 9,80**/S 85,–

Freizeit mit dem Mikroskop
(0291) Von M. Deckart, 132 S., 69 s/w-Fotos, 4 Zeichnungen, kart. **DM 9,80**/S 79.–

Briefmarken
sammeln für Anfänger. (0481) Von D. Stein, 120 S., 4 Farbtafeln, 98 s/w-Abb., kart. **DM 7,80**/S 69.–

Wir lernen tanzen
Standard- und lateinamerikanische Tänze. (0200) Von E. Fern, 168 S., 118 s/w-Fotos, 47 Zeichnungen, kart. **DM 9,80**/S 79,–

Tanzstunde
Das Welttanzprogramm · Party-Tanzstunde. (5018) Von G. Hädrich, 172 S., 443 s/w-Fotos, 140 Zeichnungen, Pappband. **DM 19.80**/S 159.–

So tanzt man Rock'n'Roll
Grundschritte · Figuren · Akrobatik. (0573) Von W. Steuer und G. Marz, 224 S., 303 Abb., kart. **DM 16,80**/ S 139,–

Disco-Tänze
(0491) Von B. und F. Weber, 104 S., 104 Abb., kart. **DM 6,80**/S 59,–

Tanzen überall
Discofox, Rock'n'Roll, Blues, Langsamer Walzer, Cha-Cha-Cha zum Selberlernen. (0760) Von H. M. Pritzer, 112 S., 128 Farbfotos, kart. **DM 19,80**/S 159,–

Videokassette **Tanzen überall**
Discofox, Rock'n'Roll, Blues. (6004/VHS, 6005/Video 2000, 6006/Beta) Von H. M. Pritzer, G. Steinheimer, in Farbe, ca. 45 Min. **DM 98,–**/S 882,– (unverb. Preisempfehlung)

Wir wandern, wir wandern . . .
Romantisches Deutschland
(4168) Hrsg. H. Bücken, 160 S., durchgehend 4-farbig, über 350 Fotos, Pappband. **DM 29,80**/S 239,–

Unser schönes Deutschland neu gesehen
(4199) Hrsg. U. Moll, 208 S., 800 Farbfotos, Pappband. **DM 29,80**/S 239,–

Schwarzwald-Romantik
Vom Zauber einer deutschen Landschaft. (4232) Hrsg. A. Rolf, 184 S., 273 Farbfotos, Pappband. **DM 29,80**/S 239,–

Sport

Judo
Grundlagen des Stand- und Bodenkampfes. (4013) Von W. Hofmann, 244 S., 589 Fotos, Pappband. **DM 29,80**/S 239.–

Neue Lehrmethoden der Judo-Praxis
(0424) Von P. Herrmann, 223 S., 475 Abb., kart. **DM 16,80**/S 139.–

Judo
Grundlagen – Methodik. (0305) Von M. Ohgo, 208 S., 1025 Fotos, kart. **DM 14,80**/S 119.–

Wir machen Judo
(5069) Von R. Bonfranchi und U. Klocke, 92 S., mit Bewegungsabläufen in cartoonartigen zweifarbigen Zeichnungen, kart. **DM 12,80**/S 99.–

Fußwürfe
für Judo, Karate und Selbstverteidigung. (0439) Von H. Nishioka, 96 S., 260 Abb., kart. **DM 9,80**/S 79.–

Karate für alle
Karate-Selbstverteidigung in Bildern. (0314) Von A. Pflüger, 112 S., 356 s/w-Fotos, kart. **DM 9,80**/S 79.–

Karate für Frauen und Mädchen
Sport und Selbstverteidigung. (0425) Von A. Pflüger, 168 S., 259 s/w-Fotos, kart. **DM 9,80**/S 79.–

Das Karate-Buch Ereignis seit Jahren! Alles Wissen über KARATE – die hohe Kunst der Selbstverteidigung – in einer 8bändigen Buchserie.

Nakayamas Karate perfekt 1
Einführung. (0487) Von M. Nakayama, 136 S., 605 s/w-Fotos, kart. **DM 19,80**/S 159.–

Nakayamas Karate perfekt 2
Grundtechniken. (0512) Von M. Nakayama, 136 S., 354 s/w-Fotos, 53 Zeichnungen, kart. **DM 19,80**/S 159.–

Nakayamas Karate perfekt 3
Kumite 1: Kampfübungen. (0538) Von M. Nakayama, 128 S., 424 s/w-Fotos, kart. **DM 19,80**/S 159.–

Nakayamas Karate perfekt 4
Kumite 2: Kampfübungen. (0547) Von M. Nakayama, 128 S., 394 s/w-Fotos, kart. **DM 19,80**/S 159.–

Nakayamas Karate perfekt 5
Kata 1: Heian, Tekki. (0571) Von M. Nakayama, 144 S., 1229 s/w-Fotos, kart. **DM 19,80**/S 159.–

Nakayamas Karate perfekt 6
Kata 2: Bassai-Dai, Kanku-Dai, (0600) Von M. Nakayama, 144 S., 1300 s/w-Fotos, 107 Zeichnungen, kart. **DM 19,80**/S 159.–

Nakayamas Karate perfekt 7
Kata 3: Jitte, Hangetsu, Empi. (0618) Von M. Nakayama, 144 S., 1988 s/w-Fotos, 105 Zeichnungen, kart. **DM 19,80**/S 159.–

Nakayamas Karate perfekt 8
Gankaku, Jion. (0650) Von M. Nakayama, 144 S., 1174 s/w-Fotos, 99 Zeichnungen, kart. **DM 19,80**/S 159.–

Kontakt-Karate
Ausrüstung · Technik · Training. (0396) Von A. Pflüger, 112 S., 238 s/w-Fotos, kart. **DM 14,80**/S 119.–

Karate-Do
Das Handbuch des modernen Karate. (4028) Von A. Pflüger, 360 S., 1159 Abb., Pappband. **DM 39,–**/S 319.–

Bo-Karate
Kukishin-Ryu – die Techniken des Stockkampfes. ((0447) Von G. Stiebler, 176 S., 424 s/w-Fotos, 38 Zeichnungen, kart. **DM 16,80**/S 139.–

Karate I
Einführung · Grundtechniken. (0227) Von A. Pflüger, 148 S., 195 s/w-Fotos und 120 Zeichnungen, kart. **DM 9,80**/S 79.–

Karate II
Kombinationstechniken · Katas. (0239) Von A. Pflüger, 176 S., 452 s/w-Fotos und Zeichnungen, kart. **DM 9,80**/S 79.–

Karate Kata 1
Heian 1-5, Tekki 1, Bassai Dai. (0683) Von W.-D. Wichmann, 164 S., 703 s/w-Fotos, kart. **DM 19,80**/S 159,–

Ninja 1
Die Lehre der Schattenkämpfer. (0758) Von S. K. Hayes, 144 S., 137 s/w-Fotos, kart. **DM 16,80**/S 139,–

Die Preise entsprechen dem Status beim Druck dieses

Ninja 2
Die Wege zum Shoshin (0763) Von S. K. Hayes 160 S., 309 s/w-Fotos, kart. **DM 16,80**/S 139,–

Der König des Kung-Fu
Bruce Lee
Sein Leben und Kampf. (0392) Von seiner Frau Linda. 136 S., 104 s/w-Fotos, kart. **DM 19,80**/S 159.–

Bruce Lees Kampfstil 1
Grundtechniken. (0473) Von B. Lee und M. Uyehara, 109 S., 220 Abb., kart. **DM 9,80**/S 79.–

Bruce Lees Kampfstil 2
Selbstverteidigungs-Techniken. (0486) Von B. Lee und M. Uyehara, 128 S., 310 Abb., kart. **DM 9,80**/S 79.–

Bruce Lees Kampfstil 3
Trainingslehre. (0503) Von B. Lee und M. Uyehara, 112 S., 246 Abb., kart. **DM 9,80**/S 79.–

Bruce Lees Kampfstil 4
Kampftechniken. (0523) Von B. Lee und M. Uyehara, 104 S., 211 Abb., kart. **DM 9,80**/S 79.–

Bruce Lees Jeet Kune Do
(0440) Von B. Lee, übersetzt von H.-J. Hesse, 192 S., mit 105 eigenhändigen Zeichnungen von B. Lee, kart. **DM 19,80**/S 159.–

Ju-Jutsu 1
Grundtechniken – Moderne Selbstverteidigung. (0276) Von W. Heim und F. J. Gresch, 160 S., 460 s/w-Fotos, 8 Zeichnungen, kart. **DM 9,80**/S 79.–

Ju-Jutsu 2
für Fortgeschrittene und Meister. (0378) Von W. Heim und F. J. Gresch, 164 S., 798 s/w-Fotos, kart. **DM 19,80**/S 159.–

Ju-Jutsu 3
Spezial-, Gegen- und Weiterführungs-Techniken. (0485) Von W. Heim und F. J. Gresch, 214 S., über 600 s/w-Fotos, kart. **DM 19,80**/S 159.–

Nunchaku
Waffe · Sport · Selbstverteidigung. (0373) Von A. Pflüger, 144 S., 247 Abb., kart. **DM 16,80**/S 139.–

Shuriken · Tonfa · Sai
Stockfechten und andere bewaffnete Kampfsportarten aus Fernost. (0397) Von A. Schulz, 96 S., 253 s/w-Fotos, kart. **DM 12,80**/S 99.–

Illustriertes Handbuch des Taekwon-Do
Koreanische Kampfkunst und Selbstverteidigung. (4053) Von K. Gil, 248 S., 1026 Abb., Pappband. **DM 29,80**/S 239.–

Taekwon-Do
Koreanischer Kampfsport. (0347) Von K. Gil, 152 S., 408 Abb., kart. **DM 12,80**/S 99.–

Aikido
Lehren und Techniken des harmonischen Weges. (0537) Von R. Brand, 280 S., 697 Abb., kart. **DM 19,80**/S 159.–

Kung-Fu und Tai-Chi
Grundlagen und Bewegungsabläufe. (0367) Von B. Tegner, 182 S., 370 s/w-Fotos, kart. **DM 14,80**/S 119.–

Kung-Fu
Theorie und Praxis klassischer und moderner Stile. (0376) Von M. Pabst, 160 S., 330 Abb., kart. **DM 12,80**/S 99.–

Shaolin-Kempo – Kung-Fu
Chinesisches Karate im Drachenstil. (0395) Von R. Czerni und K. Konrad. 246 S., 723 Abbildungen, kart. **DM 19,80**/S 159.–

Hap Ki Do
Grundlagen und Techniken koreanischer Selbstverteidigung. (0379) Von Kim Sou Bong, 112 S., 153 Abb., kart. **DM 14,80**/S 119.–

Dynamische Tritte
Grundlagen für den Zweikampf. (0438) Von Ch. Lee, 96 S., 398 s/w-Fotos, 10 Zeichnungen, kart. **DM 9,80**/S 79.–

Muskeltraining mit Hanteln
Leistungssteigerung für Sport und Fitness. (0676) Von H. Schulz, 108 S., 92 s/w-Fotos, 2 Zeichnungen, kart. **DM 9,80**/ S 79.–

Leistungsfähiger durch Krafttraining
Eine Anleitung für Fitness-Sportler, Trainer und Athleten (0617) Von W. Kieser, 100 S., 20 s/w-Fotos, 62 Zeichnungen, kart. **DM 9,80**/S 79.–

Bodybuilding
Anleitung zum Muskel- und Konditionstraining für sie und ihn. (0604) Von R. Smolana. 160 S., 171 s/w-Fotos, kart. **DM 9,80**/S 79.–

Bodybuilding für Frauen
Wege zu Ihrer Idealfigur (0661) Von H. Schulz, 108 S., 84 s/w-Fotos, 4 Zeichnungen, großes farbiges Übungsposter, kart. **DM 14,80**/S 119.–

Isometrisches Training
Übungen für Muskelkraft und Entspannung. (0529) Von L. M. Kirsch, 140 S., 162 s/w-Fotos, kart. **DM 9,80**/S 79.–

Radsport
Radtouristik und Rennen, Technik, Typen. (0550) Von K. Ziegler und R. Lehmann, 120 S., 55 Abb., kart. **DM 9,80**/S 79.–

Spaß am Laufen
Jogging für die Gesundheit. (0470) Von W. Sonntag, 140 S., 41 s/w-Fotos, 1 Zeichnung, kart. **DM 9,80**/S 79.–

Mein bester Freund, der Fußball
(5107) Von D. Brüggemann und D. Albrecht, 144 S., 171 Abb., kart. **DM 16,80**/S 139.–

Fußball
Training und Wettkampf. (0448) Von H. Obermann und P. Walz, 166 S., 92 s/w-Fotos, 15 Zeichnungen, 29 Diagramme, kart. **DM 12,80**/S 99.–

Handball
Technik · Taktik · Regeln. (0426) Von F. und P. Hattig, 128 S., 91 s/w-Fotos, 121 Zeichnungen, kart. **DM 14,80**/S 119.–

Volleyball
Technik · Taktik · Regeln. (0351) Von H. Huhle, 104 S., 330 Abb., kart. **DM 9,80**/S 79.–

Basketball
Technik und Übungen für Schule und Verein. (0279) Von C. Kyriasoglou, 116 S., mit 252 Übungen zur Basketballtechnik, 186 s/w-Fotos und 164 Zeichnungen, kart. **DM 12,80**/S 99.–

Hockey
Technische und taktische Grundlagen. (0398) Von H. Wein, 152 S., 60 s/w-Fotos, 30 Zeichnungen, kart. **DM 16,80**/S 139.–

Eishockey
Lauf- und Stocktechnik, Körperspiel, Taktik, Ausrüstung und Regeln. (0414) Von J. Čapla, 264 S., 548 s/w-Fotos, 163 Zeichnungen, kart. **DM 19,80**/S 159.–

Badminton
Technik · Taktik · Training. (0699) Von K. Fuchs, L. Sologub, 168 S., 51 Abb., kart., **DM 16,80**/S 139.–

Golf
Ausrüstung · Technik · Regeln. (0343) Von J. C. Jessop, übersetzt von H. Biemer, mit einem Vorwort von H. Krings, Präsident des Deutschen Golf-Verbandes, 160 S., 65 Abb., Anhang Golfregeln des DGV, kart. **DM 16,80**/S 139.–

Pool-Billard
(0484) Herausgegeben vom Deutschen Pool-Billard-Bund, von M. Bach und K.-W. Kühn, 88 S., mit über 80 Abb., kart. **DM 7,80**/S 69.–

Sportschießen
für jedermann. (0502) Von A. Kovacic, 124 S., 116 s/w-Fotos, kart. **DM 14,80**/S 119.–

Fechten
Florett · Degen · Säbel. (0449) Von E. Beck, 88 S., 219 Fotos und Zeichnungen, kart. **DM 11,80**/S 94.–

Reiten
Dressur · Springen · Gelände. (0415) Von U. Richter, 168 S., 235 Abb., kart. **DM 12,80**/S 99.–

Fibel für Kegelfreunde
Sport- und Freizeitkegeln · Bowling. (0191) Von G. Bocsai, 72 S., mit über 60 Abb., kart. **DM 5,80**/S 49.–

Beliebte und neue Kegelspiele
(0271) Von G. Bocsai, 92 S., 62 Abb., kart. **DM 5,80**/S 49.–

111 spannende Kegelspiele
(2031) Von H. Regulski, 88 S., 53 Zeichnungen, kart., **DM 7,80**/S 69.–

Ski-Gymnastik
Fit für Piste und Loipe. (0450) Von H. Pilss-Samek, 104 S., 67 s/w-Fotos, 20 Zeichnungen, kart. **DM 6,80**/S 59.–

Die neue Skischule
Ausrüstung · Technik · Trickskilauf · Gymnastik. (0369) Von C. und R. Kerler, 128 S., 100 Abb., kart. **DM 9,80**/S 79.–

Skilanglauf, Skiwandern
Ausrüstung · Techniken · Skigymnastik. (5129) Von T. Reiter und R. Kerler, 80 S., 8 Farbtafeln, 85 Zeichnungen und s/w-Fotos, kart. **DM 14,80**/S 119,–

Alpiner Skisport
Ausrüstung · Techniken · Skigymnastik (5130) Von K. Meßmann, 128 S., 8 Farbtafeln, 93 s/w-Fotos, 45 Zeichnungen, kart. **DM 12,80**/S 99.–

Die neue Tennis-Praxis
Der individuelle Weg zu erfolgreichem Spiel. (4097) Von R. Schönborn, 240 S., 202 Farbzeichnungen, 31 s/w-Abb., Pappband. **DM 39,–**/S 319.–

Erfolgreiche Tennis-Taktik
(4086) Von R. Ford Greene, übersetzt von M. R. Fischer, 182 S., 87 Abb., kart. **DM 19,80**/S 159.–

Tennis kompakt
Der erfolgreiche Weg zu Spiel, Satz und Sieg. (5116) Von W. Taferner, 128 S., 82 s/w-Fotos, 67 Zeichnungen, kart. **DM 14,80**/S 119.–

Tennis
Technik · Taktik · Regeln. (0375) Von H. Elschenbroich, 112 S., 81 Abb., kart. **DM 6,80**/S 59.–

Squash
Ausrüstung · Technik · Regeln. (0539) Von D. von Horn und H.-D. Stünitz, 96 S., 55 s/w-Fotos, 25 Zeichnungen, kart. **DM 8,80**/S 74.–

Sporttauchen
Theorie und Praxis des Gerätetauchens. (0647) Von S. Müßig, 144 S., 8 Farbtafeln, 35 s/w-Fotos, 89 Zeichnungen, kart., **DM 14,80**/S 119.–

FALKEN VERLAG

Falken-Handbuch **Tauchsport**
Theorie · Geräte · Technik · Training. (4062) Von W. Freihen, 268 S., 32 Farb- u. 201 s/w-Fotos, 78 Zeichnungen, gebunden. **DM 39,–**/S 319.–

Windsurfing
Lehrbuch für Grundschein und Praxis. (5028) Von C. Schmidt, 64 S., 60 Farbfotos, Pappband. **DM 12,80**/S 99.–

Sportfischen
Fische – Geräte – Technik. (0324) Von H. Oppel, 144 S., 49 s/w-Fotos, 8 Farbtafeln, kart. **DM 9,80**/S 79.–

Falken-Handbuch **Angeln**
in Binnengewässern und im Meer. (4090) Von H. Oppel, 344 S., 24 Farbtafeln, 66 s/w-Fotos, 151 Zeichnungen, gebunden. **DM 39,–**/S 319.–

Angeln
Kleine Fibel für den Sportfischer. (0198) Von E. Bondick, 96 S., 116 Abb., kart. **DM 8,80**/S 74.–

Die Erben Lilienthals
Sportfliegen heute
(4054) Von G. Brinkmann, 240 S., 32 Farbtafeln, 176 s/w-Fotos, 33 Zeichnungen, gebunden. **DM 39,–**/S 319.–

Einführung in das Schachspiel
(0104) Von W. Wollenschläger und K. Colditz, 92 S., 116 Diagramme, kart. **DM 6,80**/S 59.–

Schach mit dem Computer
(0747) Von D. Frickenschmidt, 140 S., 112 Diagramme, 29 s/w-Fotos, 5 Zeichnungen, **DM 16,80**/S 139,–

Spielend Schach lernen
(2002) Von T. Schuster, 128 S., kart. **DM 6,80**/S 59.–

Kinder- und Jugendschach
Offizielles Lehrbuch des Deutschen Schachbundes zur Erringung der Bauern-, Turm- und Königsdiplome. (0561) Von B. J. Withuis und H. Pfleger, 144 S., 11 s/w-Fotos, 223 Abb., kart. **DM 12,80**/S 99.–

Neue Schacheröffnungen
(0478) Von T. Schuster, 108 S., 100 Diagramme, kart. **DM 8,80**/S 74.–

Schach für Fortgeschrittene
Taktik und Probleme des Schachspiels. (0219) Von R. Teschner, 96 S., 85 Schachdiagramme, kart. **DM 5,80**/S 49.–

Taktische Schachendspiele
(0752) Von J. Nunn, 200 S., 151 Diagramme, kart. **DM 16,80**/S 139,–

Schach-WM '85 Karpow – Kasparow.
Mit ausführlichen Kommentaren zu allen Partien. (0785) Von H. Pfleger, O. Borik, M. Kipp-Thomas, 128 S., zahlreiche Abb. und Diagramme, kart. **DM 14,80**/S 119.–

Schachstrategie
Ein Intensivkurs mit Übungen und ausführlichen Lösungen. (0584) Von A. Koblenz, dt. Bearb. von K. Colditz, 212 S., 240 Diagramme, kart. **DM 16,80**/S 139.–

Falken-Handbuch **Schach**
(4051) Von T. Schuster, 360 S., über 340 Diagramme, gebunden. **DM 36,–**/S 298.–

Die besten Partien deutscher Schachgroßmeister
(4121) Von H. Pfleger, 192 S., 29 s/w-Fotos, 89 Diagramme, Pappband. **DM 29,80**/S 239.–

Turnier der Schachgroßmeister '83
Karpow · Hort · Browne · Miles · Chandler · Garcia · Rogers · Kindermann. (0718) Von H. Pfleger · E. Kurz, 176 S., 29 s/w-Fotos, 71 Diagramme, kart. **DM 16,80**/S 139.–

Lehr-, Übungs- und Testbuch der Schachkombinationen
(0649) Von K. Colditz, 184 S., über 200 Diagramme, kart. **DM 14,80**/S 119.–

Zug um Zug
Schach für jedermann 1
Offizielles Lehrbuch des Deutschen Schachbundes zur Erringung des Bauerndiploms. (0648) Von H. Pfleger und E. Kurz, 80 S., 24 s/w-Fotos, 8 Zeichnungen, 60 Diagramme, kart. **DM 6,80**/ S 59.–

Zug um Zug
Schach für jedermann 2
Offizielles Lehrbuch des Deutschen Schachbundes zur Erringung des Turmdiploms. (0659) Von H. Pfleger und E. Kurz, 132 S., 8 s/w-Fotos, 14 Zeichnungen, 78 Diagramme, kart. **DM 9,80**/S 79.–

Zug um Zug
Schach für jedermann 3
Offizielles Lehrbuch des Deutschen Schachbundes zur Erringung des Königdiploms. (0728) Von H. Pfleger/G. Treppner, 128 S., 4 s/w-Fotos, 83 Diagramme, kart. **DM 9,80**/S 79.–

Schachtraining mit den Großmeistern
(0670) Von H. Bouwmeester, 128 S., 90 Diagramme, kart. **DM 14,80**/ S 119.–

Schach als Kampf
Meine Spiele und mein Weg. (0729) Von G. Kasparow, 144 S., 95 Diagramme, 9 s/w-Fotos, kart. **DM 14,80**/S 119,–

Fit und gesund
Körpertraining und Bodybuilding zu Hause. (0782) Von H. Schulz, 80 S., 100 Farbfotos, 3 Zeichnungen, kart. **DM 14,80**/S 119,–

Video-Kassette:
Fit und gesund
VHS (6013), Video 2000 (6014), Beta (6015), Laufzeit 30 Minuten, in Farbe. **DM 49,80**/S 448,–
(unverb. Preisempf.)

Spiele, Denksport, Unterhaltung

Kartenspiele
(2001) Von C. D. Grupp, 144 S., kart. **DM 9,80**/S 79.–

Neues Buch der siebzehn und vier Kartenspiele
(0095) Von K. Lichtwitz, 96 S., kart. **DM 6,80**/S 59.–

Alles über Pokern
Regeln und Tricks. (2024) Von C. D. Grupp, 120 S., 29 Kartenbilder, kart. **DM 8,80**/S 74.–

Rommé und Canasta
in allen Variationen. (2025) Von C. D. Grupp, 124 S., 24 Zeichnungen, kart., **DM 9,80**/S 79.–

Schafkopf, Doppelkopf, Binokel, Cego, Gaigel, Jaß, Tarock und andere „Lokalspiele".
(2015) Von C. D. Grupp, 152 S., kart. **DM 12,80**/S 99.–

Spielend Skat lernen
unter freundlicher Mitarbeit des deutschen Skatverbandes. (2005) Von Th. Krüger, 156 S., 181 s/w-Fotos, 22 Zeichnungen, kart. **DM 9,80**/S 79,–

Das Skatspiel
Eine Fibel für Anfänger. (0206) Von K. Lehnhoff, überarb. von P.A. Höfges, 96 S., kart. **DM 6,80**/S 59.–

Black Jack
Regeln und Strategien des Kasinospiels. (2032) Von K. Kelbratowski, 88 S., kart. **DM 9,80**/S 79,–

Falken-Handbuch **Patiencen**
Die 111 interessantesten Auslagen. (4151) Von U. v. Lyncker, 216 S., 108 Abbildungen, Pappband. **DM 29,80**/S 239.–

Patiencen
in Wort und Bild. (2003) Von I. Wolter, 136 S., kart. **DM 7,80**/S 69.–

Falken-Handbuch **Bridge**
Von den Grundregeln zum Turnierspiel. (4092) Von W. Voigt und K. Ritz, 276 S., 792 Zeichnungen, gebunden. **DM 39,-**/S 319.–

Spielend Bridge lernen
(2012) Von J. Weiss, 108 S., 58 Zeichnungen, kart. **DM 7,80**/S 69.–

Spieltechnik im Bridge
(2004) Von V. Mollo und N. Gardener, deutsche Adaption von D. Schröder, 216 S., kart. **DM 16,80**/S 139.–

Besser Bridge spielen
Reiztechnik, Spielverlauf und Gegenspiel. (2026) Von J. Weiss, 144 S., mit 60 Diagrammen, kart. **DM 14,80**/S 119.–

Herausforderung im Bridge
200 Aufgaben mit Lösungen. (2033) Von V. Mollo, 152 S., kart. **DM 19,80**/S 159,–

Kartentricks
(2010) Von T. A. Rosee, 80 S., 13 Zeichnungen, kart. **DM 6,80**/S 59.–

Mah-Jongg
Das chinesische Glücks-, Kombinations- und Gesellschaftsspiel. (2030) Von U. Eschenbach, 80 S., 30 s/w-Fotos, 5 Zeichnungen, kart. **DM 9,80**/S 79.–

Neue Kartentricks
(2027) Von K. Pankow, 104 S., 20 Abb., kart. **DM 7,80**/S 69,–

Backgammon
für Anfänger und Könner. (2008) Von G. W. Fink und G. Fuchs, 116 S., 41 Abb., kart. **DM 9,80**/S 79.–

Die Preise entsprechen dem Status beim Druck dieses

Würfelspiele
für jung und alt. (2007) Von F. Pruss, 112 S., 21 s/w-Zeichnungen, kart.
DM 7,80/S 69.–

Gesellschaftsspiele
für drinnen und draußen. (2006) Von H. Görz, 128 S., kart. **DM 6,80**/S 59.–

Spiele für Party und Familie
(2014) Von Rudi Carrell, 160 S., 50 Abb., kart. **DM 9,80**/S 79.–

Dame
Das Brettspiel in allen Variationen. (2028) Von C. D. Grupp, 104 S., 122 Diagramme, kart. **DM 9,80**/S 79.–

Das japanische Brettspiel Go
(2020) Von W. Dörholt, 104 S., 182 Diagramme, kart. **DM 9,80**/S 79.–

Roulette richtig gespielt
Systemspiele, die Vermögen brachten. (0121) Von M. Jung, 96 S., zahlreiche Tabellen, kart. **DM 7,80**/S 69.–

So gewinnt man gegen Video- und Computerspiele
(0644) Von C. Kerler, 160 S., 25 Zeichnungen, 21 s/w-Fotos, kart.
DM 6,80/S 59.–

Denksport und Schnickschnack
für Tüftler und fixe Köpfe. (0362) Von J. Barto, 100 S., 45 Abb., kart.
DM 6,80/S 59.–

Rätselspiele, Quiz- und Scherzfragen
für gesellige Stunden. (0577) Von K.-H. Schneider, 168 S., über 100 Zeichnungen, kart. **DM 16,80**/S 139.–

Knobeleien und Denksport
(2019) Von K. Rechberger, 142 S., 115 Zeichnungen, kart. **DM 7,80**/S 69.–

Quiz
Mehr als 1500 ernste und heitere Fragen aus allen Gebieten. (0129) Von R. Sautter und W. Pröve, 92 S., 9 Zeichnungen, kart. **DM 6,80**/S 59.–
(ab 1.3.86 **DM 7,80**/S 69,–)

500 Rätsel selberraten
(0681) Von E. Krüger, 272 S., kart. **DM 9,95**/S 79.–

Das Super-Kreuzwort-Rätsel-Lexikon
Über 150.000 Begriffe. (4126) Von H. Schiefelbein, 688 S., Pappband.
DM 19,80/S 159.–

365 Schwedenrätsel
(4173) Von Günther Borutta, 336 S.,kart.
DM 16,80/S 139,–

501 Rätsel selberraten
(0711) Von E. Krüger, 272 S., kart.
DM 9,95/S 79,–

Riesen-Kreuzwort-Rätsel-Lexikon
über 250.000 Begriffe. (4197) Von H. Schiefelbein, 1024 S., Pappband.
DM 29,80/S 239,–

Das große farbige Kinderlexikon
(4195) Von U. Kopp, 320 S., 493 Farbabb., 17 s/w-Fotos, Pappband.
DM 29,80/S 239,–

Punkt, Punkt, Komma, Strich
Zeichenstunden für Kinder. (0564) Von H. Witzig, 144 S., über 250 Zeichnungen, kart. **DM 6,80**/S 59.–

Einmal grad und einmal krumm
Zeichenstunden für Kinder. (0599) Von H. Witzig, 144 S., 363 Abb., kart.
DM 6,80/S 59.–

Kinderspiele
die Spaß machen. (2009) Von H. Müller-Stein, 112 S., 28 Abb., kart.
DM 6,80/S 59.–

Spiele für Kleinkinder
(2011) Von D. Kellermann, 80 S., kart.
DM 5,80/S 49.–

Kasperletheater
Spieltexte und Spielanleitungen · Basteltips für Theater und Puppen. (0641) Von U. Lietz, 136 S., 4 Farbtafeln, 12 s/w-Fotos, 39 Zeichnungen, kart.
DM 9,80/S 79.–

Kindergeburtstag
Vorbereitung, Spiel und Spaß. (0287) Von Dr. I. Obrig, 104 S., 40 Abb., 11 Zeichnungen, 9 Lieder mit Noten, kart.
DM 5,80/S 49.–

Kindergeburtstage die keiner vergißt
Planung, Gestaltung, Spielvorschläge. (0698) Von G. und G. Zimmermann, 102 S., kart. **DM 9,80**/S 79,–

Kinderfeste
daheim und in Gruppen. (4033) Von G. Blechner, 240 S., 320 Abb., kart.
DM 19,80/S 159.–

Scherzfragen, Drudel und Blödeleien
gesammelt von Kindern. (0506) Hrsg. von W. Pröve, 112 S., 57 Zeichnungen, kart. **DM 5,80**/S 49.–

Kein schöner Land...
Das große Buch unserer beliebtesten Volkslieder. (4150) 208 S., 108 Farbzeichnungen, Pappband. **19,80**/S 159.–

Die schönsten Wander- und Fahrtenlieder
(0462) Hrsg. von F. R. Miller, empfohlen vom Deutschen Sängerbund, 80 S., mit Noten und Zeichnungen, kart.
DM 5,80/S 49.–

Die schönsten Volkslieder
(0432) Hrsg. von D. Walther, 128 S., mit Noten und Zeichnungen, kart.
DM 6,80/ S 55.–

Die schönsten Berg- und Hüttenlieder
(0514) Hrsg. von F. R. Miller, empfohlen vom Deutschen Sängerbund, 104 S., mit Noten und Zeichnungen, kart.
DM 5,80/S 49.–

Wir geben eine Party
(0192) Von E. Ruge, 88 S., 8 Farbtafeln, 23 Zeichnungen, kart. **DM 8,80**/S 74.–

Neue Spiele für Ihre Party
(2022) Von G. Blechner, 120 S., 54 Zeichnungen, kart. **DM 7,80**/S 69.–

Lustige Tanzspiele und Scherztänze
für Parties und Feste. (0165) Von E. Bäulke, 80 S., 53 Abb., kart.
DM 6,80/S 59.–

Straßenfeste, Flohmärkte und Basare
Praktische Tips für Organisation und Durchführung. (0592) Von H. Schuster, 96 S., 52 Fotos, 17 Zeichnungen, kart.
DM 12,80/S 99.–

Humor

Es ist ein Brauch von alters her...
Lebensweisheiten
(2214) Von W. Busch, 80 S., 38 Zeichnungen, Pappband. **DM 9,80**/S 79,–

Lachen, Witz und gute Laune
Lustige Texte für Ansagen und Vorträge. (0149) Von E. Müller, 104 S., 44 Abb., kart. **DM 9,80**/S 79,–

Tolle Sketche
mit zündenden Pointen – zum Nachspielen. (0656) Von E. Cohrs, 112 S., kart. **DM 9,80**/S 79.–

Vergnügliche Sketche
(0476) Von H. Pillau, 96 S., mit 7 lustigen Zeichnungen, kart.
DM 6,80/S 59.–

Heitere Vorträge
(0528) Von E. Müller, 128 S., 14 Zeichnungen, kart. **DM 9,80**/S 79.–

Die große Lachparade
Neue Texte für heitere Vorträge und Ansagen. (0188) Von E. Müller, 108 S., kart. **DM 6,80**/S 59.–

So feiert man Feste fröhlicher
Heitere Vorträge und Gedichte. (0098) Von Dr. Allos, 96 S., 15 Abb., kart. **DM 5,80**/S 49.–

Lustige Vorträge für fröhliche Feiern
(0284) Von Karl Lehnhoff, 96 S., kart.
DM 6,80/S 59.–

Vergnügliches Vortragsbuch
(0091) Von J. Plaut, 192 S., kart.
DM 8,80/S 74.–

Tolle Sachen zum Schmunzeln und Lachen
Lustige Ansagen und Vorträge. (0163) Von E. Müller, 92 S., kart.
DM 6,80/S 59.–

Humor für jedes Ohr
Fidele Sketche und Ansagen. (0157) Von H. Ehnle. 96 S., kart. **DM 6,80**/S 59.–

Sketche und spielbare Witze
für bunte Abende und andere Feste. (0445) Von H. Friedrich, 120 S., 7 Zeichnungen, kart. **DM 6,80**/S 59.–

Sketsche
Kurzspiele zu amüsanter Unterhaltung. (0247) Von M. Gering, 132 S., 16 Abb., kart., **DM 6,80**/59.–

Dalli-Dalli-Sketche
aus dem heiteren Ratespiel von und mit Hans Rosenthal. (0527) Von H. Pillau, 144 S., 18 Zeichnungen, kart.
DM 9,80/S 79.–

Witzige Sketche zum Nachspielen
(0511) Von D. Hallervorden, 160 S., kart.
DM 14,80/S 119.–

Gereimte Vorträge
für Bühne und Bütt. (0567) Von G. Wagner, 96 S., kart. **DM 7,80**/S 69.–

Damen in der Bütt
Scherze, Büttenreden, Sketsche. (0354) Von T. Müller, 136 S., kart.
DM 8,80/S 74.–

Narren in der Bütt
Leckerbissen aus dem rheinischen Karneval. (0216) Zusammengestellt von T. Lücker, 112 S., kart.
DM 8,80/S 74.–

Rings um den Karneval
Karnevalsscherze und Büttenreden. (0130) Von Dr. Allos, 136 S., kart.
DM 9,80/S 79.–

Helau und Alaaf 1
Närrisches aus der Bütt. (0304) Von E. Müller, 112 S., kart.
DM 6,80/S 59.–

Helau und Alaaf 2
Neue Büttenreden. (0477) Von E. Luft, 104 S., kart.
DM 7,80/S 69.–

Humor und Stimmung
Ein heiteres Vortragsbuch. (0460) Von G. Wagner, 112 S., kart. **DM 6,80**/S 59.–

Humor und gute Laune
Ein heiteres Vortragsbuch. (0635) Von G. Wagner, 112 S., 5 Zeichnungen, kart. **DM 8,80**/S 74.–

Das große Buch der Witze
(0384) Von E. Holz, 320 S., 36 Zeichnungen, geb. **DM 16,80**/S 139.–

Da lacht das Publikum
Neue lustige Vorträge für viele Gelegenheiten. (0716) Von H. Schmalenbach, 104 S., kart. **DM 9,80**/S 79,–

FALKEN VERLAG

Witzig, witzig
(0507) Von E. Müller, 128 S., 16 Zeichnungen, kart. **DM 6,80**/S 59,–

Die besten Witze und Cartoons des Jahres 1
(0454) Hrsg. von K. Hartmann, 288 S., 125 Zeichnungen, geb. **DM 16,80**/S 139.–

Die besten Witze und Cartoons des Jahres 2
(0488) Hrsg. von K. Hartmann, 288 S., 148 Zeichnungen, geb. **DM 16,80**/S 139.–

Die besten Witze und Cartoons des Jahres 3
(0524) Hrsg. von K. Hartmann, 288 S., 105 Zeichnungen, Pappband. **DM 16,80**/S 139.–

Die besten Witze und Cartoons des Jahres 4
(0579) Hrsg. von K. Hartmann, 288 S., 140 Zeichnungen, Pappband. **DM 16,80**/S 139.–

Die besten Witze und Cartoons des Jahres 5
(0642) Hrsg. von K. Hartmann, 288 S., 88 Zeichnungen, Pappband. **DM 16,80**/S 139.–

Das Superbuch der Witze
(4146) Von B. Bornheim, 504 S., 54 Cartoons, Pappband. **DM 15,–**/S 120.–

Witze
Lachen am laufenden Band (4241) Von J. Borkert, D. Kroppach, 400 S., 41 Zeichnungen, Pappband. **DM 15,–**/S 120,–

Die besten Beamtenwitze
(0574) Hrsg. von W. Pröve, 112 S., 59 Cartoons, kart. **DM 5,80**/S 49.–

Die besten Kalauer
(0705) Von K. Frank, 112 S., 12 Zeichnungen, kart., **DM 5,80**/S 49.–

Robert Lembkes Witzauslese
(0325) Von Robert Lembke, 160 S., mit 10 Zeichnungen von E. Köhler, gebunden. **DM 14,80**/S 119.–

Fred Metzlers Witze mit Pfiff
(0368) Von F. Metzler, 120 S., kart. **DM 6,80**/S 59.–

O frivol ist mir am Abend
Pikante Witze von Fred Metzler. (0388) Von F. Metzler, 128 S., mit Karikaturen, kart. **DM 5,80**/S 49.–

Herrenwitze
(0589) Von G. Wilhelm, 112 S., 31 Zeichnungen, kart. **DM 5,80**/S 49.–

Witze am laufenden Band
(0461) Von F. Asmussen, 118 S., kart. **DM 6,80**/S 59.–

Horror zum Totlachen
Gruselwitze
(0536) Von F. Lautenschläger, 96 S., 44 Zeichnungen, kart. **DM 5,80**/S 49.–

Die besten Ostfriesenwitze
(0495) Hrsg. von O. Freese, 112 S., 17 Zeichnungen, kart. **DM 5,80**/S 49.–

Die Kleidermotte ernährt sich von nichts, sie frißt nur Löcher
Stilblüten, Sprüche und Widersprüche aus Schule, Zeitung, Rundfunk und Fernsehen. (0738) Von P. Haas, D. Kroppach, 112 S., zahlr. Abb., kart. **DM 6,80**/S 59,–

Olympische Witze
Sportlerwitze in Wort und Bild. (0505) Von W. Willnat, 112 S., 126 Zeichnungen, kart. **DM 5,80**/S 49.–

Ich lach mich kaputt! Die besten Kinderwitze
(0545) Von E. Hannemann, 128 S., 15 Zeichnungen, kart. **DM 5,80**/S 49.–

Lach mit!
Witze für Kinder, gesammelt von Kindern. (0468) Hrsg. von W. Pröve, 128 S., 17 Zeichnungen, kart. **DM 6,80**/S 59,–

Die besten Kinderwitze
(0757) Von K. Rank, 120 S., 28 Zeichnungen, kart. **DM 6,80**/S 59,–

Lustige Sketche für Jungen und Mädchen
(0669) Von U. Lietz und U. Lange, 104 S., kart. **DM 7,80**/S 69,–

Natur

Faszination Berg
zwischen Alpen und Himalaya. (4214) Von T. Hiebeler, 96 S., 100 großformatige Farbfotos, Pappband. **DM 24,80**/S 198.–

Hilfe für den Wald
Ursachen, Schadbilder, Hilfsprogramme. Was jeder wissen muß, um unser wichtigstes Öko-System zu retten. (4164) Von K. F. Wentzel, R. Zundel, 128 S., 178 Farb- und 6 s/w-Fotos, 60 Zeichnungen, kart. **DM 19,80**/S 159,–

Gefährdete und geschützte Pflanzen
erkennen und benennen. (0596) Von W. Schnedler und K. Wolfstetter. 160 S., 140 Farbfotos, 4 Zeichnungen, kart. **DM 19,80**/S 159,–

Beeren und Waldfrüchte
erkennen und benennen, eßbar oder giftig? (0401) Von J. Raithelhuber, 120 S., 90 Farbfotos, 40 Zeichnungen, kart. **DM 16,80**/S 139.–

Pilze
erkennen und benennen. (0380) Von J. Raithelhuber, 136 S., 110 Farbfotos, kart. **DM 14,80**/S 119.–

Falken-Handbuch **Pilze**
Mit über 250 Farbfotos und Rezepten. (4061) Von M. Knoop, 276 S., 250 Farbfotos, Pappband. **DM 39,–**/S 319.–

Falken-Handbuch
Der Garten
Alles über Wohn- und Nutzgärten. (4044) Von G. Bambach, unter Mitarbeit von U. Kaiser, W. Velte und J. Zech, 770 S., 40 Farbtafeln, 77 Farbfotos, 787 s/w-Fotos, 147 Zeichnungen, gebunden. **DM 49,–**/S 398.–

Das Gartenjahr
Arbeitsplan für den Hobbygärtner. (4075) Von G. Bambach, 152 S., 16 Farbtafeln, 141 Abb., kart. **DM 14,80**/S 119.–

Gartenteiche und Wasserspiele
planen, anlegen und pflegen. (4083) Von H. R. Sikora, 160 S., 31 Farb- und 31 s/w-Fotos, 73 Zeichnungen, Pappband. **DM 29,80**/S 239.–

Gärtnern
(5004) Von I. Manz, 64 S., 38 Farbfotos, Pappband. **DM 12,80**/S 99.–

Gärtner Gustavs Gartenkalender
Arbeitspläne · Pflanzenporträts · Gartenlexikon. (4155) Von G. Schoser, 120 S., 146 Farbfotos, 13 Tabellen, 203 farbige Zeichnungen, Pappband. **DM 24,80**/S 198.–

Ziersträucher und -bäume im Garten
(5071) Von I. Manz, 64 S., 91 Farbfotos, Pappband. **DM 12,80**/S 99.–

Das Blumenjahr
Arbeitsplan für drinnen und draußen. (4142) Von G. Vocke, 136 S., 15 Farbtafeln, kart. **DM 14,80**/S 119.–

Der richtige Schnitt von Obst- und Ziergehölzen, Rosen und Hecken
(0619) Von E. Zettl, 88 S., 8 Farbtafeln, 39 Zeichnungen, 21 s/w-Fotos, kart. **DM 7,80**/S 69.–

Unkraut im Garten
erkennen und benennen. (0637) Von F. und H. Jantzen, 144 S., 192 Farbfotos, kart. **DM 16,80**/S 139.–

Blumenpracht im Garten
(5014) Von I. Manz, 64 S., 93 Farbfotos, Pappband. **DM 12,80**/S 99.–

Vom betörenden Zauber der **Rosen**
(2206) Von H. Steinhauer, 80 S., 89 Farbfotos, und Zeichnungen, Pappband. **DM 9,80**/S 85,–

Blütenpracht in Haus und Garten
(4145) Von M. Haberer, u. a., 352 S., 1012 Farbfotos, Pappband. **DM 39,–**/S 319,–

Das bunte Blütenparadies der **Blumen**
(2219) Von B. Zeidelhack, 80 S., 72 Farbabb., Pappband. **DM 9,80**/S 85,–

Sag's mit Blumen
Pflege und Arrangieren von Schnittblumen. (5103) Von P. Möhring, 64 S., 68 Farbfotos, 2 s/w-Abb., Pappband. **DM 12,80**/S 99.–

Grabgestaltung
Bepflanzung und Pflege zu jeder Jahreszeit. (5120) Von N. Uhl, 64 S., 77 Farbfotos, 2 Zeichnungen, Pappband. **DM 16,80**/S 139.–

Leben im Naturgarten
Der Biogärtner und seine gesunde Umwelt. (4124) Von N. Jorek, 128 S., 68 s/w-Fotos, kart. **DM 14,80**/S 119.–

So wird mein Garten zum Biogarten
Alles über die Umstellung auf naturgemäßen Anbau. (0706) Von I. Gabriel, 128 S., durchgehend 4farbig, 73 Farbfotos und Zeichnungen, kart. **DM 14,80**/S 119,–

Gesunde Pflanzen im Biogarten
Biologische Maßnahmen bei Schädlingsbefall und Pflanzenkrankheiten. (0707) Von I. Gabriel, 128 S., durchgehend 4farbig, 73 Farbfotos, und Zeichnungen, kart. **DM 14,80**/S 119,–

Der Biogarten unter Glas und Folie
Ganzjährig erfolgreich ernten. (0722) Von I. Gabriel, 128 S., durchgehend 4farbig, 58 Fotos, 39 Zeichnungen, kart. **DM 14,80**/S 119,–

FALKEN VERLAG

Die Preise entsprechen dem Status beim Druck dieses

Neuanlage eines Biogartens
Planung, Bodenvorbeitung, Gestaltung. (0721) Von I. Gabriel, 128 S., durchgehend 4farbig, 73 Farbfotos, 35 Zeichnungen, kart. **DM 14,80**/S 119,–

Der biologische Zier- und Wohngarten
Planen, Vorbereiten, Bepflanzen und Pflegen. (0748) Von I. Gabriel, 128 S., 65 Farbfotos, 46 Farbzeichnungen, kart. **DM 14,80**/S 119,–

Das Bio-Gartenjahr
Arbeitsplan für naturgemäßes Gärtnern. (4169) Von N. Jorek, 128 S., 8 Farbtafeln, 70 s/w-Abb. kart. **DM 14,80**/S 119,–

Selbstversorgung aus dem eigenen Anbau
Reichen Erntesegen verwerten und haltbar machen. (4183) Von M. Bustorf-Hirsch, M. Hirsch, 216 S., 270 Zeichnungen, kart. **DM 19,80**/S 159,–
(4182) Pappband. **DM 29,80**/S 239,–

Mischkultur im Nutzgarten
Mit Jahreskalender und Anbauplänen. (0651) Von H. Oppel, 112 S., 8 Farbtafeln, 23 s/w-Fotos, 29 Zeichnungen, kart. **DM 9,80**/S 79,–

Erfolgstips für den Gemüsegarten
Mit naturgemäßem Anbau zu höherem Ertrag. (0674) Von F. Mühl, 80 S., 30 s/w-Fotos, 4 Zeichnungen, kart. **DM 7,80**/ S 69.–

Der erfolgreiche Obstgarten
Pflanzung · Veredelung und Schnitt. (5100) Von J. Zech, 64 S., 54 Farbfotos, Pappband. **DM 12,80**/S 99.–

Gemüse, Kräuter, Obst aus dem Balkongarten
– Erfolgreich ernten auf kleinstem Raum. (0694) Von S. Stein, 32 S., 34 Farbfotos, 5 Zeichnungen, Spiralbindung, kart., **DM 7,80**/S 69.–

Keime, Sprossen, Küchenkräuter
am Fenster ziehen – rund ums Jahr. (0658) Von F. und H. Jantzen, 32 S., 55 Farbfotos, Spiralbindung, kart. **DM 6,80**/S 59.–

Balkons in Blütenpracht
zu allen Jahreszeiten. (5047) Von N. Uhl, 64 S., 80 Farbfotos, Pappband. **DM 12,80**/S 99.–

Kübelpflanzen
für Balkon, Terrasse und Dachgarten. (5132) Von M. Haberer, 64 S., 70 Farbfotos, Pappband. **DM 14,80**/S 119.–

Kletterpflanzen
Rankende Begrünung für Fassade, Balkon und Garten. (5140) Von M. Haberer, 64 S., 70 Farbabb., 2 Zeichnungen, Pappband. **DM 12,80**/S 99.–

Mein Kräutergarten rund ums Jahr
Täglich schnittfrisch und gesund würzen. (4192) Von Prof. Dr. G. Lysek, 136 S., 15 Farbtafeln, 91 Zeichnungen, kart. **DM 16,80**/S 139,–

Blühende Zimmerpflanzen
94 Arten mit Pflegeanleitungen. (5010) Von R. Blaich, 64 S., 107 Farbfotos, Pappband. **DM 12,80**/S 99.–

Falken-Handbuch **Zimmerpflanzen**
1600 Pflanzenporträts. (4082) Von R. Blaich, 432 S., 480 Farbfotos, 84 Zeichnungen, 1600 Pflanzenbeschreibungen, Pappband. **DM 39,–**/S 319.–

Blütenpracht in Grolit 2000
Der neue, mühelose Weg zu farbenprächtigen Zimmerpflanzen. (5127) Von G. Vocke, 64 S., 50 Farbfotos, Pappband. **DM 12,80**/S 99.–

Bonsai
Japanische Miniaturbäume und Miniaturlandschaften. Anzucht, Gestaltung und Pflege. (4091) Von B. Lesniewicz, 160 S., 106 Farbfotos, 46 s/w-Fotos, 115 Zeichnungen, gebunden. **DM 68,–**/S 549.–

Zimmerbäume, Palmen und andere Blattpflanzen
Standort, Pflege, Vermehrung, Schädlinge. (5111) Von G. Schoser, 96 S., 98 Farbfotos, 7 Zeichnungen, Pappband. **DM 19,80**/S 159.–

Biologisch zimmergärtnern
Zier- und Nutzpflanzen natürlich pflegen. (4144) Von N. Jorek, 152 S., 15 Farbtafeln, 120 s/w-Fotos, Pappband. **DM 19,80**/S 159.–

Hydrokultur
Pflanzen ohne Erde – mühelos gepflegt. (4080) Von H.-A. Rotter, 120 S., 82 Abb., Pappband. **DM 19,80**/S 159.–

Zimmerpflanzen in Hydrokultur
Leitfaden für problemlose Blumenpflege. (0660) Von H.-A. Rotter, 32 S., 76 Farbfotos, 8 farbige Zeichnungen, Pappband, kart. **DM 7,80**/S 69.–

Sukkulenten
Mittagsblumen, Lebende Steine, Wolfsmilchgewächse u. a. (5070) Von W. Hoffmann, 64 S., 82 Farbfotos, Pappband. **DM 12,80**/S 99.–

Kakteen und andere Sukkulenten
300 Arten mit über 500 Farbfotos. (4116) Von G. Andersohn, 316 S., 520 Farbfotos, 193 Zeichnungen, Pappband. **DM 49,–**/S 398.–

Fibel für Kakteenfreunde
(0199) Von H. Herold, 102 S., 23 Farbfotos, 37 s/w-Abb., kart. **DM 7,80**/S 69.–

Kakteen
Herkunft, Anzucht, Pflege, Arten. (5021) Von W. Hoffmann, 64 S., 70 Farbfotos, Pappband. **DM 14,80**/S 119.–

Faszinierende Formen und Farben
Kakteen
(4211) Von K. und F. Schild, 96 S., 127 großformatige Farbfotos, Pappband. **DM 24,80**/S 198.–

Orchideen
(4215) Von G. Schoser, 96 S., 143 Farbfotos, Pappband. **DM 24,80**/S 198,–

Falken-Handbuch **Katzen**
(4158) Von B. Gerber, 176 S., 294 Farb- und 88 s/w-Fotos, Pappband. **DM 39,–**/S 319,–

Katzen
Rassen · Haltung · Pflege. (4216) Von B. Eilert-Overbeck, 96 S., 82 großformatige Farbfotos, Pappband. **DM 24,80**/S 198.–

Das neue Katzenbuch
Rassen – Aufzucht – Pflege. (0427) Von B. Eilert-Overbeck, 136 S., 14 Farbfotos, 26 s/w-Fotos, kart. **DM 8,80**/S 74.–

Lieblinge auf Samtpfötchen **Katzen**
(2202) Von B. Eilert-Overbeck, 80 S., 53 Farbfotos, 5 s/w-Fotos, Pappband. **DM 9,80**/S 85.–

Katzenkrankheiten
Erkennung und Behandlung. Steuerung des Sexualverhaltens. (0652) Von Dr. med. vet. R. Spangenberg, 176 S., 64 s/w-Fotos, 4 Zeichnungen, kart. **DM 9,80**/S 79.–

Falken-Handbuch **Hunde**
(4118) Von H. Bielfeld, 176 S., 222 Farbfotos und Farbzeichnungen, 73 s/w-Abb., Pappband. **DM 39,–**/S 319.–

Hunde
Die treuen Freunde des Menschen (2207) Von R. Spangenberg, 80 S., 49 Farbfotos und Zeichnungen, Pappband. **DM 9,80**/S 85,–

Hunde
Rassen · Erziehung · Haltung. (4209) Von H. Bielfeld, 96 S., 101 großformatige Farbfotos, Pappband. **DM 24,80**/S 198.–

Das neue Hundebuch
Rassen · Aufzucht · Pflege. (0009) Von W. Busack, überarbeitet von Dr. med. vet. A. H. Hacker und H. Bielfeld, 112 S., 8 Farbtafeln, 27 s/w-Fotos, 6 Zeichnungen, kart. **DM 8,80**/S 74.–

Falken-Handbuch
Der Deutsche Schäferhund
(4077) Von U. Förster, 228 S., 160 farbige und s/w-Abb. sowie Zeichnungen, Pappband. **DM 29,80**/S 239.–

Der Deutsche Schäferhund
Aufzucht, Pflege und Ausbildung. (0073) Von A. Hacker, 104 S., 56 Abb., kart. **DM 7,80**/S 69.–

Dackel, Teckel, Dachshund
Aufzucht · Pflege · Ausbildung. (0508) Von M. Wein-Gysae, 112 S., 4 Farbtafeln, 43 s/w-Fotos, 2 Zeichnungen, kart. **DM 9,80**/S 79.–

Hundeausbildung
Verhalten – Gehorsam – Abrichtung. (0346) Von Prof. Dr. R. Menzel, 96 S., 18 Fotos, kart. **DM 7,80**/S 69.–

Hundekrankheiten
Erkennung und Behandlung, Steuerung des Sexualverhaltens. (0570) Von Dr. med. vet. R. Spangenberg, 128 S., 68 s/w-Fotos, 10 Zeichnungen, kart. **DM 9,80**/S 79.–

Falken-Handbuch **Pferde**
(4186) Von Heidrun Werner, 176 S., 196 Farb- und 50 s/w-Fotos, 100 Zeichnungen, Pappband. **DM 48,–**/S 389,–

Ponys
Rassen, Haltung, Reiten. (4205) Von S. Braun, 96 S., 84 großformatige Farbfotos, Pappband. **DM 24,80**/S 198.–

Schmetterlinge
Tagfalter Mitteleuropas erkennen und benennen. (0510) Von T. Ruckstuhl, 156 S., 136 Farbfotos, kart. **DM 16,80**/S 139.–

Wellensittiche
Arten · Haltung · Pflege · Sprechunterricht · Zucht. (5136) Von H. Bielfeld, 64 S., 59 Farbfotos, Pappband. **DM 12,80**/S 99.–

Papageien und Sittiche
Arten · Pflege · Sprechunterricht. (0591) Von H. Bielfeld, 112 S., 8 Farbtafeln, kart. **DM 9,80**/S 79.–

Geflügelhaltung als Hobby
(0749) Von M. Baumeister, H. Meyer, 184 S., 8 Farbtafeln, 47 s/w-Fotos, 15 Zeichnungen, kart. **DM 16,80**/S 139,–

Falken-Handbuch **Das Terrarium**
(4069) Von B. Kahl, P. Gaupp, Dr. G. Schmidt, 336 S., 215 Farbfotos, geb. **DM 58,–**/S 460.–

Aquarienfische
des tropischen Süßwassers. (5003) Von H. J. Mayland, 64 S., 98 Farbfotos, Pappband. **DM 12,80**/S 99.–

Das Süßwasser-Aquarium
Einrichtung · Pflege · Fische · Pflanzen. (0153) Von H. J. Mayland, 152 S., 16 Farbtafeln, 43 s/w-Zeichnungen, kart. **DM 12,80**/S 99,–

Falken-Handbuch
Süßwasser-Aquarium
(4191) Von H. J. Mayland, 288 S., 536 Farbfotos, 94 Zeichnungen, Pappband. **DM 49,–**/S 398,–

Cichliden
Pflege, Herkunft und Nachzucht der wichtigsten Buntbarscharten. (5144) Von Jo in't Veen, 96 S., 163 Farbfotos, Pappband. **DM 19,80**/S 159,–

Gesundheit

Die Frau als Hausärztin
Der unentgeltliche Ratgeber für die Gesundheit. (4072) Von Dr. med. A. Fischer-Dückelmann, 808 S., 14 Farbtafeln, 146 s/w-Fotos, 203 Zeichnungen, Pappband. **DM 29,80**/S 239,–

Heiltees und Kräuter für die Gesundheit
(4123) Von G. Leibold, 136 S., 15 Farbtafeln, 16 Zeichnungen, kart.
DM 14,80/S 119.–

Falken-Handbuch
Heilkräuter
Modernes Lexikon der Pflanzen und Anwendungen (4076) Von G. Leibold, 392 S., 183 Farbfotos, 22 Zeichnungen, geb. **DM 39,–**/S 319.–

Die farbige Kräuterfibel
(0245) Von I. Gabriel, 196 S., 49 farbige und 97 s/w-Abb., kart.
DM 14,80/ S 119.–

Arzneikräuter und Wildgemüse
erkennen und benennen. (0459) Von J. Raithelhuber, 144 S., 108 Farbfotos, 31 Zeichnungen, kart. **DM 16,80**/S 139.–

Falken-Handbuch
Bio-Medizin
Alles über die moderne Naturheilpraxis. (4136) Von G. Leibold, 552 S., 16 Farbtafeln, 18 s/w-Fotos, 191 Zeichnungen, Pappband. **DM 39,–**/S 319.–

Gesund bleiben – gesund werden durch Enzyme
(0677) Von G. Leibold, 96 S., kart.
DM 9,80/S 79.–

Gesund bleiben – gesund werden durch Heilfasten
(0713) Von G. Leibold, 108 S., kart.
DM 9,80/S 79.–

So lebt man länger nach Dr. Le Comptes Erfolgsmethode!
Vital und gesund bis ins hohe Alter. (4129) Von Dr. H. Le Compte, P. Pervenche, 224 S., gebunden.
DM 24,80/S 198.–

Gesundheit und Spannkraft durch Yoga
(0321) Von L. Frank und U. Ebbers, 112 S., 50 s/w-Fotos, kart.
DM 7,80/S 69.–

Yoga für jeden
(0341) Von K. Zebroff, 156 S., 135 Abb., kart. **DM 20,–**/S 160.–

Yoga für Schwangere
Der Weg zur sanften Geburt. (0777) Von V. Bolesta-Hahn, 108/S 76 2-farbige Abb. **DM 12,80**/S 99,–

Yoga gegen Haltungsschäden und Rückenschmerzen
(0394) Von A. Raab, 104 S., 215 Abb., kart. **DM 6,80**/S 59.–

Hypnose und Autosuggestion
Methoden – Heilwirkungen – praktische Beispiele. (0483) Von G. Leibold, 116 S., kart. **DM 7,80**/S 69.–

Autogenes Training
Anwendung · Heilwirkungen · Methoden. (0541) Von R. Faller, 128 S., 3 Zeichnungen, kart. **DM 9,80**/S 79.–

Die fernöstliche Fingerdrucktherapie Shiatsu
Anleitungen zur Selbsthilfe – Heilwirkungen. (0615) Von G. Leibold, 196 S., 180 Abb., kart. **DM 16,80**/S 139.–

Eigenbehandlung durch Akupressur
Heilwirkungen – Energielehre – Meridiane. (0417) Von G. Leibold, 152 S., 78 Abb., kart. **DM 9,80**/S 79.–

Bauch, Taille und Hüfte gezielt formen durch **Aktiv Yoga**
(0709) Von K. Zebroff, 112 S., 102 Farbfotos, Spiralbindung, kart.
DM 14,80/S 119,–

10 Minuten täglich Tele-Gymnastik
(5102) Von B. Manz und K. Biermann, 128 S., 381 Abb., kart. **DM 12,80**/S 99.–

Gesund und fit durch Gymnastik
(0366) Von H. Pilss-Samek, 132 S., 150 Abb., kart. **DM 7,80**/S 69.–

Stretching
Mit Dehnungsgymnastik zu Entspannung, Geschmeidigkeit und Wohlbefinden. (0717) Von H. Schulz, 80 S., 90 s/w-Fotos, kart. **DM 7,80**/S 69.–

Schönheitspflege
Kosmetische Tips für jeden Tag. (0493) Von H. Zander, 80 S., 25 Abb., kart.
DM 7,80/S 69.–

Natur-Apotheke
Gesundheit durch altbewährte Kräuterrezepte und Hausmittel.
(4156) Von G. Leibold, 236 S., 8 Farbtafeln, 100 Zeichnungen, kart.,
DM 19,80/S 159.–
(4157) Pappband, **29,80**/S 239.–

Bildatlas des menschlichen Körpers
(4177) Von G. Pogliani u. V. Vannini, 112 S., 402 Farbabb., 28 s/w-Fotos, Pappband, **DM 29,80**/S 239.–

Fußmassage
Reflexzonentherapie am Fuß (0714) Von G. Leibold, 96 S., 38 Zeichnungen, kart.
DM 9,80/S 79.–

Rheuma und Gicht
Krankheitsbilder, Behandlung, Therapieverfahren, Selbstbehandlung, richtige Lebensführung und Ernährung. (0712) Von Dr. J. Höder, J. Bandick, 104 S., kart.
DM 9,80/S 79.–

Krampfadern
Ursachen, Vorbeugung, Selbstbehandlung, Therapieverfahren. (0727) Von Dr. med. K. Steffens, 96 S., 38 Abb., kart. **DM 9,80**/S 79.–

Gallenleiden
Krankheitsbilder, Behandlung, Therapieverfahren, Selbstbehandlung, Richtige Lebensführung und Ernährung. (0673) Von Dr. med. K. Steffens, 104 S., 34 Zeichnungen, kart. **DM 9,80**/S 79,–

Asthma
Pseudokrupp, Bronchitis und Lungenemphysem. (0778) Von Prof. Dr. med. W. Schmidt, 120 S., 56 Zeichnungen, kart. **DM 9,80**/S 79,–

Vitamine und Ballaststoffe
So ermittle ich meinen täglichen Bedarf (0746) Von Prof. Dr. M. Wagner, I. Bongartz, 96 S., 6 Farbabb., zahlreiche Tabellen, kart. **DM 9,80**/S 79,–

Ratgeber Lebenshilfe

Umgangsformen heute
Die Empfehlungen des Fachausschusses für Umgangsformen. (4015) 282 S., 160 s/w-Fotos, 25 Zeichnungen, Pappband. **DM 29,80**/S 239.–

Der gute Ton
Ein moderner Knigge. (0063) Von I. Wolter, 168 S., 38 Zeichnungen, 53 s/w-Fotos, kart. **DM 9,80**/S 79.–

Tischkarten und Tischdekorationen
(5063) Von G. Vocke, 64 S., 79 Farbfotos, Pappband. **DM 12,80**/S 99.–

Haushaltstips von A bis Z
(0759) Von A. Eder, 80 S., 30 Zeichnungen, kart. **DM 7,80**/S 69.–

Wir heiraten
Ratgeber zur Vorbereitung und Festgestaltung der Verlobung und Hochzeit. (4188) Von C. Poensgen, 216 S., 8 s/w-Fotos, 30 s/w-Zeichnungen, 8 Farbtafeln, Pappband. **DM 19,80**/S 159.–

Kleines Dankeschön für die charmante
Gastgeberin
(2218) Von S. Gräfin Schönfeldt, 80 S., 46 Farbabb., Pappband. **DM 9,80**/S 85.–

Die Kunst der freien Rede
Ein Intensivkurs mit vielen Übungen, Beispielen und Lösungen. (4189) Von G. Hirsch, 232 S., 11 Zeichnungen, Pappband. **DM 29,80**/S 239.–

Reden zur Taufe, Kommunion und Konfirmation
(0751) Von G. Georg, 96 S., kart. **DM 6,80**/S 59.–

Der richtige Brief zu jedem Anlaß
Das moderne Handbuch mit 400 Musterbriefen. (4179) Von H. Kirst, 376 S., Pappband. **DM 26,80**/S 218.–

Von der Verlobung zur Goldenen Hochzeit
(0393) Von E. Ruge, 120 S., kart. **DM 6,80**/S 59.–

Reden zur Hochzeit
Musteransprachen für Hochzeitstage. (0654) Von G. Georg, 112 S., kart. **DM 6,80**/S 59.–

Glückwünsche, Toasts und Festreden zur Hochzeit.
(0264) Von I. Wolter, 128 S., 18 Zeichnungen, kart. **DM 7,80**/S 69.–

Hochzeits- und Bierzeitungen
Muster, Tips und Anregungen. (0288) Von H.-J. Winkler, mit vielen Text- und Gestaltungsanregungen, 116 S., 15 Abb., 1 Musterzeitung, kart. **DM 6,80**/ S 59.–

Kindergedichte zur Grünen, Silbernen und Goldenen Hochzeit
(0318) Von H.-J. Winkler, 104 S., 20 Abb., kart. **DM 5,80**/S 49.–

Die Silberhochzeit
Vorbereitung · Einladung · Geschenkvorschläge · Dekoration · Festablauf · Menüs · Reden · Glückwünsche. (0542) Von K. F. Merkle, 120 S., 41 Zeichnungen, kart. **DM 9,80**/S 79.–

Großes Buch der Glückwünsche
(0255) Hrsg. von O. Fuhrmann, 240 S., 77 Zeichnungen und viele Gestaltungsvorschläge, kart. **DM 9,80**/S 79.–

Neue Glückwunschfibel
für Groß und Klein. (0156) Von R. Christian-Hildebrandt, 96 S., kart. **DM 4,80**/S 39.–

Glückwunschverse für Kinder
(0277) Von B. Ulrici, 80 S., kart. **DM 5,80**/S 49.–

Die Redekunst
Rhetorik · Rednererfolg (0076) Von K. Wolter, überarbeitet von Dr. W. Tappe, 80 S., kart. **DM 5,80**/S 49.–

Reden und Ansprachen
für jeden Anlaß. (4009) Hrsg. von F. Sicker, 454 S., gebunden. **DM 39,–**/S 319.–

Reden zum Jubiläum
Musteransprachen für viele Gelegenheiten (0595) Von G. Georg, 112 S., kart. **DM 6,80**/S 59.–

Reden und Sprüche zu Grundsteinlegung, Richtfest und Einzug
(0598) Von A. Bruder, G. Georg, 96 S., kart. **DM 6,80**/S 59.–

Reden zu Familienfesten
Musteransprachen für viele Gelegenheiten. (0675) Von G. Georg, 108 S., kart. **DM 6,80**/S 59.–

Festreden und Vereinsreden
Ansprachen für festliche Gelegenheiten. (0069) Von K. Lehnhoff und E. Ruge, 88 S., kart. **DM 5,80**/S 49.–

Reden im Verein
Musteransprachen für viele Gelegenheiten. (0703) Von G. Georg, 112 S., kart., **DM 6,80**/S 59.–

Trinksprüche
Fest- und Damenreden in Reimen. (0791) Von L. Metzner, 88 S., 14 s/w-Zeichnungen, kart. **DM 7,80**/S 68.–

Trinksprüche, Richtsprüche, Gästebuchverse
(0224) Von D. Kellermann, 80 S., kart. **DM 5,80**/S 49.–

Ins Gästebuch geschrieben
(0576) Von K. H. Trabeck, 96 S., 24 Zeichnungen, kart. **DM 7,80**/S 69.–

Poesiealbumverse
Heiteres und Besinnliches. (0578) Von A. Göttling, 112 S., 20 Abb., Pappband. **DM 14,80**/S 119.–

Verse fürs Poesiealbum
(0241) Von I. Wolter, 96 S., 20 Abb., kart. **DM 5,80**/S 49.–

Rosen, Tulpen, Nelken . . .
Beliebte Verse fürs Poesiealbum
(0431) Von W. Pröve, 96 S., mit Faksimile-Abb., kart. **DM 5,80**/S 49.–

Der Verseschmied
Kleiner Leitfaden für Hobbydichter. Mit Reimlexikon. (0597) Von T. Parisius, 96 S., 28 Zeichnungen, kart. **DM 7,80**/S 69.–

Moderne Korrespondenz
Handbuch für erfolgreiche Briefe. (4014) Von H. Kirst und W. Manekeller, 544 S., gebunden. **DM 39,–**/S 319.–

Der neue Briefsteller
Musterbriefe für alle Gelegenheiten. (0060) Von I. Wolter-Rosendorf, 112 S., kart. **DM 5,80**/S 49.–

Geschäftliche Briefe
des Privatmanns, Handwerkers, Kaufmanns. (0041) Von A. Römer, 120 S., kart. **DM 6,80**/S 59.–

Behördenkorrespondenz
Musterbriefe – Anträge – Einsprüche. (0412) Von E. Ruge, 120 S., kart. **DM 6,80**/S 59.–

Musterbriefe
für alle Gelegenheiten. (0231) Hrsg. von O. Fuhrmann, 240 S., kart. **DM 9,80**/S 79.–

Privatbriefe
Muster für alle Gelegenheiten. (0114) Von I. Wolter-Rosendorf, 132 S., kart. **DM 6,80**/S 59.–

Erfolgstips für den Schriftverkehr
Briefwechsel leicht gemacht durch einfachen Stil und klaren Ausdruck (0678) Von J. Werbellin, 120 S., kart. **DM 8,80**/S 74.–

Worte und Briefe der Anteilnahme
(0464) Von E. Ruge, 128 S., mit vielen Abb., kart. **DM 9,80**/S 79.–

Reden in Trauerfällen
Musteransprachen für Beerdigungen und Trauerfeiern (0736) Von G. Georg, 104 S., kart. **DM 6,80**/S 59.–

Lebenslauf und Bewerbung
Beispiele für Inhalt, Form und Aufbau. (0428) Von H. Friedrich, 112 S., kart. **DM 6,80**/S 59.–

Erfolgreiche Bewerbungsbriefe
und Bewerbungsformen. (0138) Von W. Manekeller, 88 S., kart. **DM 5,80**/S 49.–

Die erfolgreiche Bewerbung
Bewerbung und Vorstellung. (0173) Von W. Manekeller, 156 S., kart. **DM 9,80**/S 79.–

Die Bewerbung
Der moderne Ratgeber für Bewerbungsbriefe, Lebenslauf und Vorstellungsgespräche. (4138) Von W. Manekeller, 264 S., Pappband. **DM 19,80**/S 159.–

Vorstellungsgespräche
sicher und erfolgreich führen. (0636) Von H. Friedrich, 144 S., kart. **DM 9,80**/S 79.–

Zeugnisse im Beruf
richtig schreiben, richtig verstehen. (0544) Von H. Friedrich, 112 S., kart. **DM 9,80**/S 79.–

In Anerkennung Ihrer . . .,
Lob und Würdigung in Briefen und Reden.
(0535) Von H. Friedrich, 136 S., kart. **DM 9,80**/S 79.–

Erfolgreiche Kaufmannspraxis
Wirtschaftliche Grundlagen, Geld, Kreditwesen, Steuern, Betriebsführung, Recht, EDV. (4046) Von W. Göhler, H. Gölz, M. Heibel, Dr. D. Machenheimer, 544 S., gebunden. **DM 39,–**/S 319.–

Der Rechtsberater im Haus
(4048) Von K.-H. Hofmeister, 528 S., gebunden. **DM 39,–**/S 319.–

Arbeitsrecht
Praktischer Ratgeber für Arbeitnehmer und Arbeitgeber, (0594) Von J. Beuthner, 192 S., kart. **DM 16,80**/S 139.–

Mietrecht
Leitfaden für Mieter und Vermieter. (0479) Von J. Beuthner, 196 S., kart. **DM 14,80**/S 119.–

Familienrecht
(4190) Von T. Drewes, R. Hollender, 368 S., Pappband. **DM 29,80**/S 239.–

Scheidung und Unterhalt
nach dem neuen Eherecht. (0403) Von Rechtsanwalt H. T. Drewes, 109 S., mit Kosten- und Unterhaltstabellen, kart. **DM 7,80**/S 69.–

Testament und Erbschaft
Erbfolge, Rechte und Pflichten der Erben, Erbschafts- und Schenkungssteuer, Muster für Testamente. (4139) Von T. Drewes und R. Hollender, 304 S., Pappband. **DM 26,80**/S 218.–

Erbrecht und Testament
Mit Erläuterungen des Erbschaftssteuergesetzes von 1974. (0046) Von Dr. jur. H. Wandrey, 124 S., kart. **DM 6,80**/S 59.–

Endlich 18 und nun?
Rechte und Pflichten mit der Volljährigkeit. (0646) Von R. Rathgeber, 224 S., 27 Zeichnungen, kart. **DM 14,80**/S 119.–

Was heißt hier minderjährig?
(0765) Von R. Rathgeber, C. Rummel, 148 S., 63 Abb., kart. **DM 14,80**/S 119,–

Erfolgreiche Bewerbung um einen Ausbildungsplatz
(0715) Von H. Friedrich, 136 S., kart. **DM 9,80**/S 79,–

Elternsache Grundschule
(0692) Hrsg. von K. Meynersen, 324 S., kart. **DM 26,80**/S 218,–

Sexualberatung
(0402) Von Dr. M. Röhl, 168 S., 8 Farbtafeln, 17 Zeichnungen, Pappband. **DM 19,80**/S 159.–

Die Kunst des Stillens nach neuesten Erkenntnissen
(0701) Von Prof. Dr. med. E. Schmidt/S. Brunn, 112 S., 20 Fotos und Zeichnungen, kart. **DM 9,80**/S 79,–

Wenn Sie ein Kind bekommen
(4003) Von U. Klamroth, Dr. med. H. Oster, 240 S., 86 s/w-Fotos, 30 Zeichnungen, Pappband. **DM 24,80**/S 198.–

Vorbereitung auf die Geburt
Schwangerschaftsgymnastik, Atmung, Rückbildungsgymnastik. (0251) Von S. Buchholz, 112 S., 98 s/w-Fotos, kart. **DM 6,80**/S 59.–

Wie soll es heißen?
(0211) Von D. Köhr, 136 S., kart. **DM 5,80**/S 49.–

Das Babybuch
Pflege · Ernährung · Entwicklung. (0531) Von A. Burkert, 128 S., 16 Farbtafeln, 38 s/w-Fotos, 30 Zeichnungen, kart. **DM 12,80**/ S 99.–

Die neue Lebenshilfe **Biorhytmik**
Höhen und Tiefen der persönlichen Lebenskurven vorausberechnen und danach handeln. (0458) Von W. A. Appel, 157 S., 63 Zeichnungen, Pappband. **DM 12,80**/S 99.–

Mitmachen – die Umwelt retten!
Das Öko-Testbuch
Analysen und Experimente zur Eigeninitiative. (4160) Von M. Häfner, 400 Farbfotos, 137 farbige Zeichnungen, Pappband. **DM 39,–**/S 319,–

Vom Urkrümel zum Atompilz
Evolution – Ursache und Ausweg aus der Krise. (4181) Von Jürgen Voigt, 188 S., 20 Farb- und 70 s/w-Fotos, 32 Zeichnungen, kart. **DM 19,80**/S 159.–

Der Sklave Calvisius
Alltag in einer römischen Provinz 150 n. Chr. (4058) Von A. Ammermann, T. Röhrig, G. Schmidt, 120 S., 99 Farbabb., 47 s/w-Abb., Pappband. **DM 19,80**/S 159.–

ZDF · ORF · DRS
Kompaß Jugend-Lexikon
(4096) Von R. Kerler, J. Blum, 336 S., 766 Farbfotos, 39 s/w-Abb., Pappband. **DM 29,80**/S 239.–

Dinosaurier
und andere Tiere der Urzeit. (4219) Von G. Alschner, 96 S., 81 großformatige Farbzeichnungen, 4 s/w-Fotos, Pappband. **DM 24,80**/S 198.–

Astrologie
Das Orakel der Sterne. (2211) Von B. A. Mertz, 80 S., 42 Farb- und 15 s/w-Fotos, Pappband. **DM 9,80**/S 85,–

Psycho-Tests
– Erkennen Sich sich selbst. (0710) Von B. M. Nash, R. B. Monchick, 304 S., 81 Zeichnungen, kart. **DM 16,80**/S 139,–

Falken-Handbuch **Astrologie**
Charakterkunde · Schicksal · Liebe und Beruf · Berechnung und Deutung von Horoskopen · Aszendenttabelle. (4068) Von B. A. Mertz, 342 S., mit 60 erläuternden Grafiken, gebunden. **DM 29,80**/S 239.–

Selbst Wahrsagen mit Karten
Die Zukunft in Liebe, Beruf und Finanzen. (0404) Von R. Koch, 112 S., 252 Abb., Pappband. **DM 12,80**/S 99.–

Weissagen, Hellsehen, Kartenlegen . . .
Wie jeder die geheimen Kräfte ergründen und für sich nutzen kann. (4153) Von G. Haddenbach, 192 S., 40 Zeichnungen, Pappband. **DM 16,80**/S 139.–

Frauenträume, Männerträume
und ihre Bedeutung. (4198) Von G. Senger, 272 S., mit Traumlexikon, Pappband. **DM 29,80**/S 239,–

Wahrsagen mit Tarot-Karten
(0482) Von E. J. Nigg, 112 S., 4 Farbtafeln, 52 s/w-Fotos, Abb., Pappband. **DM 14,80**/S 119.–

Aztekenhoroskop
Deutung von Liebe und Schicksal nach dem Aztekenkalender. (0543) Von C.-M. und R. Kerler, 160 S., 20 Zeichnungen, Pappband. **DM 9,80**/S 79.–

Was sagt uns das Horoskop?
Praktische Einführung in die Astrologie. (0655) Von B. A. Mertz, 176 S., 25 Zeichnungen, kart. **DM 9,80**/S 79.–

Das Super-Horoskop
Der neue Weg zur Deutung von Charakter, Liebe und Schicksal nach chinesischer und abendländischer Astrologie. (0465) Von G. Haddenbach, 175 S., kart. **DM 9,80**/S 79.–

Liebeshoroskop für die 12 Sternzeichen
Alles über Chancen, Beziehungen, Erotik, Zärtlichkeit, Leidenschaft. (0587) Von G. Haddenbach, 144 S., 11 Zeichnungen, kart. **DM 7,80**/S 69.–

Die 12 Sternzeichen
Charakter, Liebe und Schicksal. (0385) Von G. Haddenbach, 160 S., Pappband. **DM 12,80**/S 99.–

Die 12 Tierzeichen im chinesischen Horoskop
(0423) Von G. Haddenbach, 128 S., Pappband. **DM 9,80**/S 79.–

Sternstunden
für Liebe, Glück und Geld, Berufserfolg und Gesundheit. Das ganz persönliche Mitbringsel für Widder (0621), Stier (0622), Zwillinge (0623), Krebs (0624), Löwe (0625), Jungfrau (0626), Waage (0627), Skorpion (0628), Schütze (0629), Steinbock (0630), Wassermann (0631), Fische (0632) Von L. Cancer, 62 S., durchgehend farbig, Zeichnungen, Pappband. **DM 5,–**/S 39.–

So deutet man Träume
Die Bildersprache des Unbewußten. (0444) Von G. Haddenbach, 160 S., Pappband. **DM 9,80**/S 79,–

Die Famillie im Horoskop
Glück und Harmonie gemeinsam erleben – Probleme und Gegensätze verstehen und tolerieren. (4161) Von B. A. Mertz, 296 S., 40 Zeichnungen, kart. **DM 19,80**/S 159,–

Erkennen Sie Psyche und Charakter durch **Handdeutung**
(4176) Von B. A. Mertz, 252 S., 9 s/w-Fotos, 160 Zeichnungen, Pappband. **DM 36,–**/S 298,–

Falken-Handbuch
Kartenlegen
Wahrsagen mit Tarot-, Skat-, Lenormand- und Zigeunerblättern. (4226) Von B. A. Mertz, 288 S., 38 Farb- und 108 s/w-Abb. Pappband. **DM 39,–**/S 319,–

I Ging der Liebe
Das altchinesische Orakel für Partnerschaft und Ehe. (4244) Von G. Damian-Knight, 320 S., 64 s/w-Zeichnungen, Pappband. **DM 29,80**/S 239,–

Wenn die Schwalben niedrig fliegen
Bauernregeln
(2208) Von G. Haddenbach, 80 S., 52 Farbfotos, Pappband. **DM 9,80**/S 85,–

Die Preise entsprechen dem Status beim Druck dieses

Computer

Computer Grundwissen
Eine Einführung in Funktion und Einsatzmöglichkeiten. (4302) Von W. Bauer, 176 Seiten, 193 Farb- und 12 s/w-Fotos, 37 Computergrafiken, kart., **DM 29,80**/S 239.–
(4301) Pappband, **DM 39,–**/S 312.–

Einführung in die Programmiersprache BASIC. (4303) Von S. Curran und R. Curnow, 192 S., 92 Zeichnungen, Spiralbindung. **DM 19,80**/S 159.–

Lernen mit dem Computer. (4304) Von S. Curran und R. Curnow, 144 S., 34 Zeichnungen, Spiralbindung, **DM 19,80**/S 159.–

Computerspiele, Grafik und Musik
(4305) Von S. Curran und R. Curnow, 148 S., 46 Zeichnungen, Spiralbindung. **DM 19,80**/S 159.–

dBase III
Einführung für Einsteiger und Nachschlagewerk für Profis. (4310) Von J. Brehm, G. A. Karl, 212 S., 22 s/w-Fotos, 3 Zeichnungen, kart. **DM 58,–**/S 460.–

Das Medienpaket
Buch und Programmdiskette „dBase III" zusammen (4312) **DM 98,–**/S 784.

Grundwissen Informationsverarbeitung
(4314) Von H. Schiro, 312 S., 59 s/w-Fotos, 133 s/w-Zeichnungen, Pappband. **DM 58,–**/S 460.–

Lernhilfen

Deutsch für Ausländer im Selbstunterricht
Ausgabe für Jugoslawen
(0261) Von I. Hladek und E. Richter, 132 S., 62 Zeichnungen, kart. **DM 9,80**/S 79.–

Deutsch – Ihre neue Sprache.
Grundbuch (0327) Von H.-J. Demetz und J. M. Puente, 204 S., mit über 200 Abb., kart. **DM 14,80**/S 119.–

Glossar Italienisch
(0329) Von H.-J. Demetz und J. M. Puente, 74 S., kart. **DM 9,80**/S 79.–

In gleicher Ausstattung:
Glossar Spanisch (0330) **DM 9,80**/S 79.–
Glossar Serbokroatisch (0331) **DM 9,80**/S 79.–
Glossar Türkisch (0332) **DM 9,80**/S 79.–
Glossar Arabisch (0335) **DM 9,80**/S 79.–
Glossar Französisch (0337) **DM 9,80**/S 79.–

Das Deutschbuch
Ein Sprachprogramm für Ausländer, Erwachsene und Jugendliche.
Autorenteam: J. M. Puente, H.-J. Demetz, S. Sargut, M. Spohner.

Grundbuch Jugendliche
(4915) Von Puente, Demetz, Sargut, Spohner, Hirschberger, Kersten, von Stolzenwaldt, 256 S., durchgehend zweifarbig, kart. **DM 19,80**/S 159.–

Grundbuch Erwachsene
(4901) Von Puente, Demetz, Sargut, Spohner, 292 S., durchgehend zweifarbig, kart. **DM 24,80**/S 198.–

Arbeitsheft
zu Grundbuch Erwachsene und Jugendliche. (4903) Von Puente, Demetz, Sargut, Spohner, 160 S., durchgehend zweifarbig, kart. **DM 16,80**/S 139.–

Aufbaukurs
(4902) Von Puente, Sargut, Spohner, 232 S., durchgehend zweifarbig, kart. **DM 22,80**/S 182.–

Lehrerhandbuch Grundbuch Erwachsene
(4904) 144 S., kart. **DM 14,80**/S 119.–

Lehrerhandbuch Grundbuch Jugendliche
(4929) 120 S., kart. **DM 14,80**/S 119.–

Lehrerhandbuch Aufbaukurs
(4930) 64 S., kart. **DM 9,80**/S 79.–

Glossare Erwachsene:
Türkisch
(4906) 100 S., kart. **DM 9,80**/S 79.–
Englisch
(4912) 100 S., kart. **DM 9,80**/S 79.–
Französisch
(4911) 104 S., kart. **DM 9,80**/S 79.–
Spanisch
(4909) 98 S., kart. **DM 9,80**/S 79.–
Italienisch
(4908) 100 S., kart. **DM 9,80**/S 79.–
Serbokroatisch
(4914) 100 S., kart. **DM 9,80**/S 79.–
Griechisch
(4907) 102 S., kart. **DM 9,80**/S 79.–
Portugiesisch
(4910) 100 S., kart. **DM 9,80**/S 79.–
Polnisch
(4913) 102 S., kart. **DM 9,80**/S 79.–
Arabisch
(4905) 100 S., kart. **DM 9,80**/S 79.–

Glossare Jugendliche:
Türkisch
(4927) 104 S., kart. **DM 9,80**/S 79.–
Italienisch
(4932) Von A. Baumgartner, 104 S., kart. **DM 9,80**/S 79.–
Spanisch
(4933) Von M. Weidemann, 104 S., kart. **DM 9,80**/S 79.–
Serbokroatisch
(4934) Von M. Vuckovic, 104 S., kart. **DM 9,80**/S 79.–
Griechisch
(4936) Von Dr. G. Tzounakis, 112 S., kart. **DM 9,80**/S 79.–

Tonband Grundbuch Erwachsene
(4916) Ø 18 cm. **DM 125,–**/S 1.000.–
Tonband Grundbuch Jugendliche
(4917) Ø 18 cm. **DM 125,–**/S 1.000.–
Tonband Aufbaukurs
(4918) Ø 18 cm. **DM 125,–**/S 1.000.–
Tonband Arbeitsheft
(4919) Ø 18 cm. **DM 89,–**/S 712.–
Kassetten Grundbuch Erwachsene
(4920) 2 Stück à 90 Min. Laufzeit. **DM 39,–**/S 319.–
Kassetten Grundbuch Jugendliche
(4921) 2 Stück à 90 Min. Laufzeit. **DM 39,–**/S 319.–
Kassetten Aufbaukurs
(4922) 2 Stück à 90 Min. Laufzeit. **DM 39,–**/S 319.–
Kassette Arbeitsheft Grundbuch
(4923) 60 Min. Laufzeit. **DM 19,80**/S 159.–
Overheadfolie Grundbuch Erwachsene
(4924) 60 Stück **DM 159,–**/S 1.270.–
Overheadfolien Grundbuch Jugendliche
(4925) 59 Stück. **DM 159,–**/S 1.270.–
Overheadfolien Aufbaukurs
(4931) 54 Stück. **DM 159,–**/S 1.270.–
Diapositive Grundbuch Erwachsene
(4926) 300 Stück. **DM 398,–**/S 3.184.–
Bildkarten
zum Grundbuch Jugendliche und Erwachsene. (4928) 200 Stück. **DM 159,–**/S 1.270.–

Arbeitshefte für ausländische Jugendliche in der Berufsvorbereitung
Fachsprache im projektorientierten/fachübergreifenden Unterricht
Metall 1
(4937) Von S. Sargut, M. Spohner, 96 S., 30 Farbfotos, 100 Zeichnungen, kart. **DM 14,80**/S 119.–

 Für die Schweiz: sFr.-Preise gemäß Preisauszeichnung in der Buchhandlung